AF310310

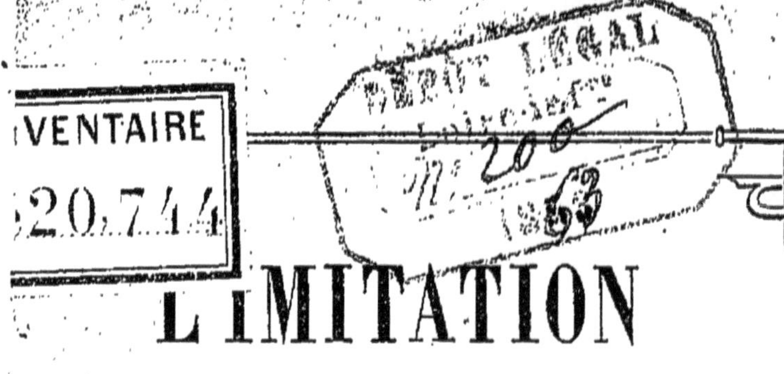

L'IMITATION

ET

LA VIE DE JÉSUS-CHRIST

FRAGMENTS POÉTIQUES

SUIVIS DE LA SAINTE MESSE

Tirée de l'Imitation

PAR

E. DU LAURENS DE LA BARRE

Avec approbation de NN. SS. les Évêques de Quimper
et de Vannes.

PARIS

A. BRAY, LIBRAIRE, RUE DES SAINTS-PÈRES, 66.

Nantes,	**Vannes,**
MAZEAU, LIBRAIRE.	GALLES, LIBRAIRE.

MDCCCLXIV.

L'IMITATION

ET

LA VIE DE JÉSUS-CHRIST

FRAGMENTS POÉTIQUES

SUIVIS DE LA SAINTE MESSE

Tirée de l'IMITATION

PAR

E. DU LAURENS DE LA BARRE

Avec approbation de NN. SS. les Évêques de Quimper
et de Vannes.

PARIS

A. BRAY, LIBRAIRE, RUE DES SAINTS-PÈRES, 66.

Nantes,	Vannes,
MAZEAU, LIBRAIRE.	GALLES, LIBRAIRE.

MDCCCLXIV.

DÉDICACE

A MONSEIGNEUR SERGENT,

ÉVÊQUE DE QUIMPER.

———

Je croirais, Monseigneur, manquer à la religion des souvenirs, comme Breton et parent de l'abbé Du Laurens de la Barre, ancien grand-vicaire à Quimper, si je ne vous priais humblement d'accepter la dédicace de l'Imitation que je vais publier et dont je mets les premières feuilles sous vos yeux.

Je le fais avec d'autant plus de confiance que l'abbé Du Laurens, inspirateur de mon ouvrage, a tenu un rang recommandable dans le diocèse que dirige Votre Grandeur....

E. D.

Saint-Guen, le 22 septembre 1863.

A M. DU LAURENS DE LA BARRE.

Votre nom, Monsieur, est connu d'une manière trop honorable dans le diocèse de Quimper pour que je ne porte pas un vif intérêt à la publication que vous voulez bien m'annoncer.

Ce que j'ai lu de cette pieuse publication me fait espérer qu'elle contribuera à la gloire de Dieu et à la sanctification des âmes. Jamais il n'a été plus nécessaire de faire connaître notre divin Sauveur et de répéter ses enseignements; c'est ce que vous faites avec autant de foi que d'onction.

J'espère que l'Auteur de tout don parfait bénira ce religieux emploi des talents qu'il vous a confiés et que votre livre produira des fruits abondants....

† RENÉ, évêque de Quimper.

Quimper, 29 septembre 1863.

consolant à la fois. Cela est conforme à l'opinion émise par Corneille lui-même dans sa préface du livre III publié en 1656 ; il dit : — « Enfin me voicy av bovt d'vn long ouvrage, et j'ay bien liev de craindre qve vovs ne vovs aperceviez vn pev trop de l'impatience que j'ay eve de l'achever et dv *chagrin* qu'a jetté dans mon esprit vn travail si long et si pénible. » Il ajoute, dans un autre endroit : — « Les répétitions sont si fréqventes dans le texte de mon avthevr que qvand nostre langve serait dix fois plvs abondante, je l'avrois déjà espvisée. Elles ont bien liev de vovs importvner pvisqv'elles m'accablent, j'advove ingénvment qve je n'ay pu trouver le secret de diversifier mes expressions tovtes les fois qu'il se présente la même chose à exprimer..... »

Maintenant, il est vrai, bien peu de personnes lisent encore l'*Imitation* de Corneille.

Ce beau livre semble tombé dans l'oubli : il est trop volumineux pour être *usuel*, sa poésie mystique a vieilli, disent les indifférents ; les éditeurs même le retranchent presque toujours des nouvelles éditions du grand poète. Aurions-nous le dessein de lutter contre cet état de choses désolant et inexcusable ? Non sans doute. Ces essais poétiques et religieux n'étaient pas destinés à la publicité ; ils n'ont pour les recommander peut-être que leur brièveté qui les rend plus propres à la prière. Ils déclinent enfin toute prétention à une valeur purement littéraire, et surtout la moindre idée de comparaison avec l'œuvre incomparable de Corneille.

Voici, du reste, les circonstances qui m'ont engagé à entreprendre ce travail.

Je compulsais, un jour, avec un respect filial, les papiers et les livres d'un parent de mémoire vénérée..... et qu'on veuille bien me permettre d'ajouter ici quelques mots au sujet de cet homme recommandable. — L'abbé du Laurens de la Barre (Alexandre-Marie), prêtre du diocèse de Quimper, fut appelé par ses vertus à la place de premier aumônier de la pieuse fille du bon roi Stanislas de Pologne, Marie Leczinska, reine de France, épouse de Louis XV. Plus d'une fois alors, une voix prophétique et irritée peut-être se fit entendre à ces nombreux et légers courtisans qui trompaient le monarque. Le vertueux dauphin Louis, fils de Louis XV et de Marie Leczinska, honorait l'aumônier de la reine d'une sincère et vive amitié et partageait même , dit-on, ses travaux et ses pieuses veilles.

L'abbé du Laurens de la Barre fut long-temps titulaire de l'abbaye de Rillé, dont il avait obtenu les bulles en cour de Rome, vers 1763. Ses talents, modestes pourtant, l'élevèrent bientôt au rang de Recteur de l'Université. Il était, de plus, grand-maître du collége de Navarre, poète et littérateur.

Consolateur en même temps qu'aumônier de Marie Leczinska, l'abbé revint en Bretagne, à la mort de cette reine vertueuse et infortunée. Il fut alors nommé grand-vicaire à l'évêché de Quimper (1768). La Révolution le trouva à son poste avancé de prêtre chrétien, militant, et prêt à mourir pour sa foi. Ses vœux furent bientôt exaucés; le martyre l'attendait : ses cheveux blancs, ses vertus, sa charité, son grand âge, ne purent le soustraire à ses bourreaux. Il eût pu fuir, se cacher soit dans quelque manoir, soit dans quelque village des montagnes d'Arès, où il avait des parents et des amis ; il ne le voulut pas et attendit son sort avec ce courage surhumain et cette résignation chrétienne qui caractérisaient les martyrs de ce temps-là.

Jeté, avec d'autres prêtres, dans les prisons de Rochefort, puis de l'Ile-de-Ré, il périt ainsi dans une île de l'Océan, privé de tout secours, à l'âge de quatre-vingt-trois ans (1795). On avait déposé les condamnés dans ces cachots, en attendant le départ du vaisseau qui devait les déporter à Cayenne [1].

On voudra bien pardonner à la religion de mes souvenirs cette digression nécessaire

---

1 Vers la même époque, Florentin et Fidèle du Laurens, neveux de l'abbé, pris à Quiberon, avec tous les émigrés, étaient fusillés à Vannes, à côté de Sombreuil.

pour faire connaître l'homme vertueux qui m'a inspiré cet ouvrage.

Ainsi que je le disais tout à l'heure, c'est en compulsant les écrits du grand-vicaire de Quimper que, parmi les feuillets de l'un de ses ouvrages (*Les Monuments publics*, poème dédié au Dauphin, et imprimé à Paris, chez Simon, imprimeur de la Reine et de l'archevêché, avec approbation de M. Berryer du 5 février 1753), je trouvai des notes se rapportant sans doute à un projet de traduction en vers de quelques chapitres de l'*Imitation de Jésus-Christ*.

A la lecture de ces lignes, tracées par la main d'un martyr, inspiré, si j'osais m'exprimer ainsi, de leur douce ferveur, je pris la résolution, Dieu aidant, de travailler à un recueil de *poésies pieuses tirées de l'Imitation du Christ;* heureux de trouver un appui dans ces notes, trop rares, il est vrai, mais bien précieuses pour nous. Oui, précieuses en effet, car il est permis de croire que l'aumônier de la reine Marie, le condamné de l'Ile-de-Ré, dut plus d'une fois, dans son cachot, réciter ces pieuses stances pour soutenir le courage des malheureux qui partageaient son destin, et les exciter à la mort.

On me reprochera peut-être de n'avoir conservé aucun ordre dans l'arrangement des chapitres. Je dois avouer qu'en cela j'ai obéi à l'inspiration du moment, et qu'afin de rompre ce que la poésie, en quelque sorte *didactique* du premier livre, me semblait avoir de trop *aride*, j'ai, autant que possible, séparé ces chapitres par ceux des IIIe et IVe livres, remplis de tant de ferveur et d'onction.

INVOCATION.

Que n'ai-je pour chanter la douce voix des anges,
L'esprit des bienheureux, les accents des archanges,
    Leurs ardeurs, leurs amours !
Ah ! que n'ai-je des cieux une flamme sublime
Qui me transporte encore et m'exalte et m'anime
    Et m'inspire toujours !.....

Je chanterais Jésus et sa divine mère ;
Je chanterais un Dieu naissant dans la misère,
    Dans une crèche, un soir.
Du Sauveur Jésus-Christ pour chanter la souffrance,
La gloire et la grandeur, c'est une voix immense
    Qu'il nous faudrait avoir.

Et pour sa *Passion*, où trouver un langage ?
Et dans ce sang divin où chercher un passage ?....
    Larmes, gémissements,

Venez, venez à moi ! Tous les chants de la terre
Ne sauraient célébrer tout le sang du Calvaire
        Et ses tressaillements !

Tressaillements d'un Dieu mourant pour tous les hommes,
Les avons-nous compris, nous tous tant que nous sommes,
        En ce monde égaré ?
Qui pourrait du Sauveur mesurer la tendresse ,
Quand il meurt sur la croix, expiant la faiblesse
        De ceux qui l'ont livré ?

Et pour montrer enfin la lueur éternelle
De la croix de Jésus, à son heure mortelle ,
        A son dernier soupir,
O mon Dieu, donnez-moi les accents de vos anges ;
Eux seuls sauront trouver de divines louanges
        Et des voix pour gémir.

IMITATION DE JÉSUS-CHRIST.

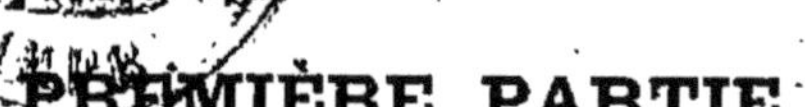

PREMIÈRE PARTIE.

IDÉE GÉNÉRALE : — CONSEILS AUX FIDÈLES; VANITÉS
DU MONDE ; MOYENS D'AVANCER DANS LA VERTU ;
AMOUR DE DIEU ; CONSOLATIONS AUX AFFLIGÉS.

I.

Des secrets Jugements de Dieu.

LIV. III. CH. XIV.

Vous avez fait sur moi *tonner* vos jugements ;
Mes os ont ressenti d'affreux tressaillements,
Et mon âme, ô Seigneur, d'épouvante est glacée.
Interdit, éperdu, je songe en ma pensée
Que les cieux ne sont pas assez purs à vos yeux :
Si vous avez trouvé vos anges orgueilleux,

Et s'ils ont mérité votre juste colère,
Que sera-ce de moi qui ne suis que poussière?

Les étoiles du ciel ont perdu leur clarté;
Des hommes qui semblaient remplis de piété
Et qui se nourrissaient du pain sacré des anges,
Je les ai vus, tombés en des chutes étranges,
Dévorer les débris que l'on jette *aux pourceaux*[1].

Seigneur, si votre main qui calme tant de maux,
De nous s'éloigne un jour, il n'est plus de sagesse;
Nul n'est saint si le ciel un moment le délaisse;
Aucun secours humain ne peut nous soutenir,
Hélas! si vous cessez un jour de nous bénir.
Mais quand vous revenez, nous relevons la tête,
Nous vivons, à l'amour notre âme est toute prête.
Nous sommes inconstants, mais vous nous transformez;
La tiédeur nous arrête et vous nous enflammez.

[1] Nous croyons devoir écrire en italiques les mots, les passages qui, souvent peu poétiques, sont traduits mot à mot, à cause de leur importance.

Seigneur, je ne suis rien qu'un *néant* sans courage;
Mais vous, *ô poids immense, Océan* sans rivage,
Où je vais disparaître, englouti, confondu...
Comment se reposer en sa seule vertu?
Où peuvent trouver place et l'orgueil et la gloire?
Car toute vanité, d'éphémère mémoire,
Tombe sous la grandeur de vos arrêts sacrés.
Que sont-ils devant vous, ces hommes égarés?
L'argile osera-t-elle en présence du maître
S'élever contre lui jusqu'à le méconnaître?
Ah! l'homme qui chérit l'esprit de vérité,
Et de qui l'espérance est dans l'éternité,
Ne saurait s'émouvoir à des discours frivoles.
Les flatteurs passeront comme un bruit de paroles,
Ils s'évanouiront dans l'oubli du trépas.
La vérité de Dieu seule ne passe pas.

II.

Comment nous devons exposer nos désirs à Dieu.

LIV. III, CH. XV.

VOIX DU CHRIST.

Dites toujours, mon fils : — « Que votre volonté
» En tout temps, en tous lieux, ô mon Seigneur, soit faite
» Car à vous obéir mon âme est toute prête;
» Je bénis votre nom, votre sainte bonté.

» Si je forme un projet, ah ! souffrez qu'il s'achève,
» S'il vous semble du moins utile à mon salut;
» Je ne songe qu'à lui, c'est mon unique but;
» Mais, si je dois faillir, chassez, chassez ce rêve. »

— Trop souvent vous prenez pour un pieux désir
Ce qui n'est de vos sens qu'une erreur passagère.

Il est si difficile à l'homme sur la terre
De s'attacher au bien sans songer au plaisir.

Mais quand vous possédez une ardeur aussi sainte,
D'un cœur humble et soumis demandez le secours,
Et les grâces d'en haut, demandez-les toujours,
Vous confiant à Dieu, puis lui disant sans *crainte* :

— « Vous savez le remède à mes maux, doux Sauveur ;
» Donnez, donnez encore à votre créature
» Ce qui lui convient mieux, donnez-le sans mesure,
» Autant que vous voulez ; ah ! remplissez mon cœur.

» De moi disposez donc et partout et sans cesse ;
» Tournez, retournez-moi, je suis dans votre main,
» Aujourd'hui c'est la joie et la peine demain ;
» Mon âme à votre aspect tressaille d'allégresse. »

PRIÈRE

POUR FAIRE LE BON PLAISIR DE DIEU.

Jésus, accordez à mon sort
La grâce du ciel tutélaire;
Pour moi qu'elle soit salutaire
Et m'assiste jusqu'à la mort.

Que votre volonté suprême
Soit mon guide en toutes vos lois;
Que je dise en voyant la croix :
— J'aime Jésus autant qu'il m'aime.

Pour le monde je veux mourir;
Je veux ses mépris, ses injures;
Je veux les braver sans murmures;
Pour Jésus je saurai souffrir.

Vous êtes la paix véritable;
Ah! loin de vous tout est malheur;
Dans votre paix, ô doux Seigneur,
Je trouve un repos délectable.

III.

Que celui qui aime Dieu ne goûte que lui.

LIV. III, CH. XXXIV.

—

Voilà mon Dieu, mon tout : parole ravissante !
Que voudrais-je de plus? Félicité constante !
    Est-il plus douce loi ?
Pour qui chérit Jésus et déteste le monde,
Cette parole auguste en douceurs est féconde :
    Jésus est tout pour moi.

Vous présent, ô Seigneur, *tout devient délectable ;*
Vous me donnez la paix, ô joie inénarrable !
    Vous m'avez pardonné.
Si vous vous éloignez, je tombe dans l'abîme ;
Tout est amer pour moi ; déplorable victime,
    Je suis abandonné.

Celui qui goûte un jour la coupe de délice
Qu'aux justes vous offrez, trouve dans ce calice
    Le plus divin transport ;

Mais du monde *en goûtant* le plaisir, l'inconstance,
On ne trouve que vide et c'est un vide immense,
        Car ce n'est que la mort.

Éclat inconcevable, ô lumière éternelle,
Reflet divin des cieux, ô splendeur immortelle,
        Qu'un seul de vos rayons
S'élance de la voûte et, pareil au tonnerre,
Jusqu'au fond de mon cœur me pénètre et m'éclaire
        Et me comble de dons !

Oh ! quand luira pour moi cette heure sans pareille,
Ce moment désiré, faites que je m'éveille
        Dans la félicité !
Si le vieil homme, hélas ! vit encor dans mon âme,
S'il n'est mort tout entier, dans sa mourante flamme
        Qu'il soit enfin dompté.

Mais vous qui commandez à la mer, aux orages,
Et qui calmez les flots déchaînés sur les plages,
        Secourez-moi, Seigneur ;
Dissipez les méchants qui n'aiment que la guerre,
Brisez-les dans vos mains, lancez votre tonnerre,
        Vous êtes mon vengeur.

IV.

Qu'il ne faut point s'occuper des choses extérieures.

LIV. III, CH. XLIV.

———

VOIX DU CHRIST.

O mon fils, conservez votre sainte ignorance,
Soyez mort à la terre, aux choses d'ici-bas;
Le monde sera mort pour vous : dans sa souffrance,
    Ah ! ne le suivez pas.

    Il faut aussi fermer l'oreille
    A ces bruits de discours pervers;
    Pour eux que votre cœur sommeille,
Détournez vos regards ou craignez les revers.

———

VOIX DU DISCIPLE.

Hélas! hélas! Seigneur, où tous tant que nous sommes,
    Nous avez-vous laissés,
Déplorant tant de maux qui désolent les hommes,
    Malheureux insensés?

Nous pleurons de nos biens la perte temporelle,
    Et livrant au hasard
Le salut précieux de notre âme immortelle,
    Nous y pensons trop tard.

On cherche avec ardeur ce qui nous sert à peine;
On ne voit qu'en passant du bien tous les attraits;
L'homme vole *au dehors;* si rien ne le ramène,
    Il se perd à jamais.

V.

Du peu d'estime de soi.

LIV. Ier, CH. II.

—

Tout homme aime à savoir : ce désir naturel
Charme ses longs travaux, mais pour gagner le ciel
Il faut de la vertu faire l'expérience;
Sans la divine crainte, ah ! que sert la science?

Un humble paysan qui chérit le Seigneur
L'emporte sur le sage, en sa fausse grandeur,
Qui laissant du salut l'affaire incomparable,
Examine des cieux la marche impénétrable.

Celui qui se connaît, loin d'en être orgueilleux,
Se méprise et vers Dieu jette souvent les yeux.
Quand j'aurais tout appris ce qu'on sait dans le monde,
A quoi me servirait cette étude profonde
Devant Dieu, si je n'ai sa douce charité,
Car il me jugera selon ma piété.

Puissiez-vous modérer une ardeur trop funeste;
L'illusion s'enfuit, c'est l'erreur qui vous reste ;
Et lorsque le savant pour sage veut passer,
Oubliant le seul bien qui doit l'intéresser,
Ah ! qu'il redoute encor que pour ses connaissances
Dieu n'abreuve ses jours de plus longues souffrances :
Ses travaux ébauchés ne s'achèveront pas
Avant le jour prochain qui verra son trépas.

Pourquoi vous estimer beaucoup plus que les autres ?
Est-ce donc là l'esprit que prêchaient les apôtres?
Non, non!... Prenez plaisir à vous voir méprisé,
Avili dans ce monde et partout repoussé.

Enfin si vous voyez un homme dans le crime,
N'allez pas vous juger meilleur que lui : l'abîme
Du péché près de vous peut encor se rouvrir.
Nous sommes tous pécheurs et sujets à faillir.

VI.

De la Doctrine de la vérité.

LIV. Iᵉʳ, CH. III.

—

Heureux, trois fois heureux est l'homme qui révère
La vérité de Dieu vivante sur la terre !
Les sens et la raison nous plongent dans l'erreur ;
A quoi sert de parler sur ün sujet trompeur ?
Au jour du jugement la céleste vengeance
De l'homme simple et juste absoudra l'ignorance ;
Mais quel aveuglement fait chanceler nos pas !
Nos yeux sont tout ouverts et nous ne voyons pas !

Nous perdons notre temps à des choses frivoles ;
Ah ! du Verbe éternel méditons les paroles :
Tout procède de lui ; ce principe infini
Parle au fond de nos cœurs. Verbe toujours béni,
Sans toi nul jugement, sans toi l'intelligence
Vacille et s'obscurcit, sans ta ferme assistance.

Puissé-je réchauffer mon âme à tes rayons !
Puissé-je un jour enfin posséder tous tes dons,
O grande vérité, qui de Dieu tiens la place,
Pour vivre et demeurer avec lui dans sa grâce :
Que sages et *docteurs* te laissent donc *parler*;
C'est toi seule, oui, c'est toi qui me peux consoler.

Ce n'est pas que le ciel condamne la science,
Ni des objets humains la juste *connaissance* :
En les considérant selon l'ordre divin,
On peut de l'équité fréquenter le chemin;
Et si chacun avait une ardeur salutaire
D'éloigner de son cœur le vice et la colère,
Pour y semer le germe et l'amour des vertus,
Au lieu de s'agiter en débats superflus,
On ne trouverait pas tant de maux, de scandales,
Dans le peuple avili par des luttes fatales.

Au jour du jugement on nous demandera
Ce que nous avons fait : le masque tombera....
Malheur, hélas ! malheur, en ce moment funeste,
Si nous n'avons vécu selon la loi céleste.

Que sont-ils devenus, ces sages, ces *docteurs*,
Qui florissaient naguère? A d'autres leurs honneurs...
Où sont-ils? répondez.... Confondus dans la poudre,
Et l'oubli de la tombe.... Il faut bien s'y résoudre.

Ainsi passe la gloire, ô monde, ô vanité !
Il est seul grand celui qui de la charité
Fait son guide ici-bas, méprisant la science ;
Il est sage celui qui, rempli de prudence,
Foule aux pieds les honneurs, avec un grand mépris,
Et borne tous ses vœux *à gagner Jésus-Christ.*

VII.

Des Tentations.

LIV. III, CH. XXXV.

—

Non, non, jamais, mon fils, durant votre existence,
Vous n'obtiendrez la joie et la paix des élus,
Sans le secours d'en haut; tous vos vœux superflus
Ne sauraient de votre âme écarter la souffrance.

Vous êtes entouré d'ennemis égarés,
Qui vous attaqueront du couchant à l'aurore;
Pour les repousser tous, priez, priez encore;
Sans cette arme divine, ah! vous succomberez!

Ainsi, passez tranquille à travers cet orage;
De votre *bras puissant* portez des coups vengeurs,
Car je donne *la manne* aux héros, aux vainqueurs,
Et la misère, hélas! du lâche est le partage.

Comment parviendrez-vous au repos éternel,
Si vous ne recherchez que repos dans la vie ?
Vous n'en trouverez pas au jour de l'agonie ;
La véritable paix n'est plus que dans le ciel.

Apprenez à souffrir les travaux, les injures,
Et les *tentations*, et les infirmités,
Les mépris, les douleurs et les anxiétés ;
Endurez les ennuis, le trouble et les murmures.

Ce sont là les lauriers des soldats de Jésus,
Et telle est, ô mon fils, leur céleste couronne ;
Pour un labeur si court, voyez ce que je donne :
Un bonheur éternel, la gloire des élus.

Pensez-vous donc avoir toujours en ma tendresse
Les consolations de la divine ivresse,
        Selon votre désir ?
Les saints n'en eurent pas constamment sur la terre;
Pour eux tous les chagrins, les affronts, la misère
        Jusqu'au dernier soupir !

2*

Dans le Seignenr Jésus plaçant leur confiance,
Ils se sont *soutenus*, armés de patience,
     Au milieu de tous ces mépris;
Sachant que *de ce temps* la peine si cruelle
Est peu, bien peu, devant cette gloire éternelle
     Qui doit en être le seul prix.

Attendez le Seigneur et, rempli de courage,
     Soyez ferme aux combats :
La palme des élus sera votre partage;
Mes secours, ô mon fils, ne vous manqueront pas.

VIII.

De l'avantage de l'adversité.

LIV. Ier, CH. XII.

Il est bon quelquefois d'éprouver la souffrance :
Elle doit ramener l'homme à sa conscience,
Lui montrant chaque jour que l'exil ici-bas,
Après de longs chagrins, ne finit qu'au trépas.
Il est bon d'endurer de la part de nos frères
Des contradictions, des épreuves amères,
Et même d'accepter leur injuste rigueur ;
Car c'est en ce moment que la voix du Seigneur
Nous paraît secourable, alors que l'injustice
Nous fait boire le fiel à son amer calice.

Ainsi l'homme devrait tellement *s'affermir*
En son divin Sauveur, qu'il n'eût à l'avenir
Jamais besoin d'une aide étrangère et funeste ;
Qu'il mette son espoir dans le secours céleste ;

Au milieu de son trouble et des afflictions,
Dieu seul lui peut donner des consolations.
Mais alors il gémit, il s'afflige sans cesse,
Il appelle à grands cris la mort dans sa tristesse,
Afin que, délivré de ses liens charnels,
Il soit auprès du Christ, aux séjours éternels.
C'est alors qu'il comprend que la paix infinie,
Impossible ici-bas, succède à l'agonie.

IX.

De l'imitation du Christ et des vanités du monde.

LIV. Ier, CH. Ier.

—

« Qui me suit ici-bas ne marche point sans guide,
Au milieu de la nuit je serai son égide, »
A dit Notre-Seigneur; par ce divin discours
Jésus-Christ nous exhorte à l'imiter toujours,
Si nous voulons du ciel recevoir les lumières,
Et bannir de nos cœurs le monde et ses chimères.

Mes frères, que souvent la méditation
De Jésus-Christ vous porte à l'imitation.
Du Sauveur notre Dieu la doctrine est meilleure
Que celle des grands saints, car pour la dernière heure
Elle garde aux élus un trésor immortel,
Une manne cachée, un bonheur éternel.

De Jésus pour comprendre et goûter la parole
Pour en saisir l'esprit (divine parabole),
Il faut s'étudier à conformer ses jours
A ceux de Jésus-Christ, pour en régler le cours.
Que vous sert de parler de la Trinité sainte,
Pourquoi des saints parvis fréquentez-vous l'enceinte,
Si vous n'êtes pieux, si votre *humilité*
N'a su toucher encor la sainte Trinité?

Non, non, ce ne sont pas des paroles sublimes
Qui rendent l'homme juste ou qui lavent ses crimes;
La vertu seule, hélas! le peut sanctifier,
A l'amour du Seigneur s'il veut se confier.
Quand vous auriez appris la Bible tout entière,
Des sentences, vains mots, science mensongère!
Que serait tout cela sans la grâce de Dieu,
Sans le divin amour? Une mort sans adieu,
Sans secours efficace, une fin misérable!
Ah! sans l'appui du ciel il n'est rien de durable!

Vanité, vanité, tout nous trompe ici-bas;
Il n'est que vous, Seigneur, qui ne trahissez pas!

Qu'il est vain d'amasser tant de biens périssables !
D'y fonder leur espoir les humains sont coupables.
C'est une vanité de chercher les honneurs,
De briguer les emplois, d'aspirer aux grandeurs ;
Vanité de songer aux amours de la terre ;
Ils méritent du ciel la trop juste colère.

Vanité de vouloir, sans foi dans l'avenir,
Fréquenter ici-bas le chemin du plaisir ;
Enfin c'est vanité que d'aimer ce qui passe
Comme une étoile aux cieux, qui file dans l'espace,
Et de ne vouloir pas, en méritant le ciel,
Conquérir à jamais un bonheur éternel.

Rappelez-vous ceci, que nous conseille un Père :
L'œil n'est point satisfait de ce qu'il voit sur terre,
L'oreille ne saurait se remplir de vains mots.
Travaillez donc encor, travaillez sans repos
A détacher vos cœurs de ces choses sensibles
Pour ne goûter enfin que les biens *invisibles ;*
Car tout homme qui suit la *sensualité*
Souille son âme et perd la divine bonté.

X.

De la résistance aux tentations.

LIV. Ier, CH. XIII.

Tandis que nous vivons sur la terre exilés,
D'épreuves et de maux nous sommes accablés ;
Le saint et pauvre Job écrivit dans son livre :
« Sans des tourmens amers l'homme ne saurait vivre. »
Le malheur est sur terre et la gloire est aux cieux,
Et les tentations nous suivent en tous lieux.
Il faudrait donc toujours être en garde contre elles,
Veillant pour repousser les surprises cruelles
Du Démon qui nous tente et jamais ne s'endort,
Et tourne autour de nous jusqu'au jour de la mort.

Nul n'est assez parfait pour détruire en son âme
De l'esprit séducteur la détestable trame.
Cependant si parfois cette épreuve nous nuit,
Elle est souvent utile à l'homme qu'elle instruit.

Les saints, pour mériter la céleste couronne,
Ont souffert des tourments dont la rigueur étonne ;
Mais ceux qui jusqu'au bout n'ont pas voulu souffrir,
Réprouvés pour jamais, hélas ! ont dû périr.
Il n'est pas d'ordre saint, il n'est pas de retraites
Qui ne cachent des pleurs et des peines secrètes.
Pour vaincre il ne faut point éviter les combats.
Soyons de Jésus-Christ les fidèles soldats.

Mais il ne suffit pas, pour *avancer* encore,
De fuir l'occasion du péché qu'on déplore,
Sans arracher du cœur la racine du mal,
Qui s'accroît chaque jour et revient plus fatal ;
On est plus sûr de vaincre en prenant patience,
Avec l'appui des cieux et leur sainte assistance,
Que par l'empressement ou l'*obstination*.
Acceptez des conseils dans la tentation.

De même qu'un vaisseau, ballotté par l'orage,
Est poussé sur les flots bien loin de tout rivage,
Ainsi l'homme inconstant et faible est agité.
Le fer au feu s'éprouve et le juste est tenté.
C'est la tentation qui prouve notre force.

3

Veillez donc, au début, que votre âme s'efforce
De chasser l'ennemi qui la veut asservir;
Un sage nous l'a dit : Il faut à l'avenir
Vous opposer au mal dès le jour qu'il commence,
Car lorsqu'il s'enracine, il brave la science.

D'abord une pensée à l'esprit s'offrira,
Puis une vive image à vos yeux grandira;
Alors si le plaisir peut germer dans votre âme,
De désirs déréglés vous sentirez la flamme.
Plusieurs sont affligés par la *tentation*,
Même au commencement de leur *conversion*,
Quelquefois à la fin; d'autres souffrent sans cesse,
D'autres sont épargnés dans la sainte sagesse,
Selon l'ordre de Dieu qui juge les humains,
Sait peser leur mérite en ses divines mains,
Et prépare le ciel aux élus de son père.
Quand nous sommes tentés, il n'est que la prière
Pour nous rendre l'espoir; prions avec ferveur,
Oui, prions Dieu qu'il daigne apaiser sa rigueur;
Devant lui dans la peine abaissons nos pensées,
Il saura relever nos âmes oppressées,
Et rendre le courage aux plus humbles de cœur,

XI.

Du peu d'estime de soi devant Dieu.

LIV. III, CH. VIII.

—

Je parlerai sans crainte au Seigneur, notre père,
Moi qui ne suis que *cendre* et qu'un peu de *poussière*,
    Victime sans vertu;
Et si, rempli d'orgueil, je me crois davantage,
Mes péchés contre moi vont porter témoignage,
    Je me sens abattu.

Mais lorsque je m'abaisse, oubliant ma folie,
Que je rentre en la poudre et que je m'humilie
    Jusqu'au fond de mon cœur,
Votre grâce, ô Seigneur, de moi s'approche encore,
La céleste clarté revient, je vous adore,
    Rempli de votre ardeur.

Là, vous me faites voir ce que je suis moi-même,
D'où je viens, où je vais; dans votre amour suprême
    Vous guidez tous mes pas;

Et je deviens plus fort et, pareil à vos anges,
Je me sens élevé, je chante vos louanges,
    Soutenu dans vos bras.

De votre amour divin, oui, telle est la puissance;
C'est lui qui me *prévient*, qui donne l'espérance
    A mon cœur attristé;
Il me délivre alors du danger qui me presse,
Et me préserve aussi, dans ma longue faiblesse,
    De tant d'iniquité.

Car je m'étais perdu par ma seule imprudence,
En m'aimant trop moi-même, et c'est là ma souffrance;
    Il faut n'aimer que vous :
A vous seul désormais mon amour et ma vie;
A servir Jésus-Christ la grâce nous convie
    Et nous appelle tous.

Soyez béni, Seigneur, votre bonté m'appelle;
Indigne que je suis, et si ma foi chancelle,
    Vous venez l'affermir;
Vous nous *convertissez*, vous remplissez nos âmes
De vertu, de ferveur et des plus saintes flammes,
    Jusqu'au dernier soupir.

XII.

Du Jugement téméraire.

LIV. Ier, CH. XIV.

———

Jetez les yeux sur vous avec recueillement ;
Pour juger le prochain n'allez pas vainement
Consumer vos loisirs, car l'erreur vous égare.
A bien *s'examiner* celui qui se prépare,
Ne travaille jamais sans fruit et sans ferveur.
Trop souvent ici-bas chacun selon son cœur
Juge, et son *amour propre* altère sa droiture.
Nous serions moins troublés, moins portés au mur-
Lorsqu'un objet répugne à nos sens éperdus, [mure]
Si nous portions au ciel tous nos vœux confondus.

Mais souvent un motif inconnu nous entraîne
Et nous pousse au péché, source de notre peine.
Plusieurs secrètement recherchent les plaisirs,
Et lorsque tout se passe au gré de leurs désirs,
Ils semblent affermis dans la paix véritable ;

Mais au moindre revers, faiblesse déplorable !
Ils se troublent soudain en leur cœur attristé.
Ainsi de tant d'avis c'est la *diversité*
Qui *brouille* les amis, les *citoyens*, les frères,
Même ceux qui du ciel ont reçu les lumières.

On oublie à regret un penchant bien-aimé,
Et d'un sort incertain chacun est alarmé.
Si vous vous appuyez sur votre intelligence
Ou sur votre raison plus que sur la prudence.
Et la grâce de Dieu qui nous appelle à lui,
C'est que le jour céleste en vous n'a jamais lui;
Jésus veut à sa loi soumission profonde,
Il veut qu'en son amour la raison se confonde.

XIII.

Des œuvres de la Charité.

LIV. Ier, CH. XV.

—

Que *l'amour d'aucun homme* ou des biens d'ici-bas
Vers *un mal* séduisant ne conduise vos pas.
Si le pauvre parfois vous demande un service,
De projets commencés faites le sacrifice ;
On en peut retirer un mérite infini,
Mais rien, *sans charité*, ne doit être béni ;
L'action la plus humble et la plus misérable,
Faite *par charité*, sera recommandable.

Bien faire ce qu'on fait, ah ! c'est faire beaucoup,
Et celui-là *fait bien*, qui consacre, avant tout,
Ses travaux, ses loisirs à la *chose publique*.
Quelquefois, aveuglé par un désir inique,
On se croit charitable, et l'espoir d'un profit,
Ou *l'inclination* de notre pauvre esprit,

Nous pousse malgré nous à des œuvres funestes;
Mais l'homme qui possède en lui les dons célestes,
Fruits de la charité, ne se *recherche* en rien;
La gloire du Seigneur est son unique bien,
Ses désirs sont bornés; laissant les jouissances,
Il met dans le Très-Haut toutes ses espérances;
Il ne *rapporte* rien aux hommes, le Seigneur
Est la source d'où vient pour lui tout le bonheur,
Où reposent les saints, comme en leur fin dernière.
La charité nous dit que les biens de la terre
Ne sont que *vanité*, présent funeste, hélas!
Qui nous perd sans retour en égarant nos pas.

XIV.

Des épreuves de l'amour.

LIV. III, CH. VI.

—

VOIX DU CHRIST.

— Votre amour, ô mon fils, ne brille pas encore
D'une flamme assez pure, il n'est pas assez fort.

VOIX DU FIDÈLE.

— Quelle en est la raison, arbitre de mon sort ?
Répondez à ma voix, Seigneur, je vous implore.

LE CHRIST.

— C'est qu'au moindre revers vous semblez abattu,
Puis vous abandonnez votre œuvre commencée,
Vous répandez des pleurs et votre âme oppressée
S'affaisse, et vous cédez sans avoir combattu.

3*

Le véritable amour est ferme en sa constance,
Il ne succombe pas et, rempli de vaillance,
    Il combat l'ennemi.
Celui qui sait aimer jamais ne considère
Ce qu'on lui veut offrir, mais l'amour tutélaire
    Que Jésus lui promit.

Ah! si vous ressentez cet amour doux et tendre,
Que pour vous éprouver sur vous j'aime à répandre,
    En vous montrant le ciel,
N'y cherchez pas, mon fils, trop d'appui, car il passe
Ainsi qu'il est venu; quelquefois il s'efface;
    Il n'est pas éternel.

Songez à renverser ce trop funeste empire
Des désirs déréglés que le démon inspire,
    Et vous triompherez;
Ne vous troublez donc pas de ces tristes fantômes,
Dédaignez-les, voyez les célestes royaumes
    Qui vous sont préparés.

Mainte fois votre esprit, détaché de la terre,
Veut s'élever bien haut, en extase, en prière,
Puis vous tombez des cieux.
Acceptez ce revers et, plein de patience,
Résistez à l'ennui, bénissez la souffrance
En votre cœur pieux.

Car l'antique ennemi par ses fausses délices
Cherche à vous éloigner des plus saints exercices;
Il veut enfin de mes douleurs,
De ma mort, de mon sang bannissant la mémoire,
Vous détourner de moi, de l'éternelle gloire,
Qui sera le prix de vos pleurs.

Rejetez-en sur lui la cruelle pensée;
Dites lui d'une voix amère et courroucée :
— Loin d'ici, loin de moi,
Esprit immonde et faux, maudit soit ton langage;
Fuis, fuis loin de ces lieux, pervers, que ton outrage
Soit maudit comme toi !

Oui, Jésus, près de moi, défenseur formidable,
Me protège à jamais; séducteur détestable,
  Archange, hélas! perdu,
Je souffrirai plutôt les tourments, les supplices,
Que de goûter un jour tes infâmes délices,
  Dans l'enfer confondu.

Tais-toi, ne parle plus, que ta voix impudente
Se taise désormais; va, l'enfer te tourmente
  Pour une éternité.
Le Seigneur à mes yeux fait briller sa lumière,
Il est mon bien, mon roi, mon sauveur et mon père,
  Et ma félicité.

XV.

De la lecture de l'Écriture-Sainte.

LIV. Iᵉʳ, CH. V.

—

Cherchez la vérité dans la Sainte Écriture,
Et non pas l'éloquence ; ah ! c'est futilité.
D'un langage élégant redoutez la parure
En lisant les écrits de la *simplicité*.

Préférez-la, mon fils, à toute fausse gloire :
Ne considérez pas le nom seul d'un auteur,
Mais de la vérité l'éternelle grandeur ;
Ainsi vous obtiendrez une grande victoire.

Dieu converse avec nous de diverses façons :
L'*homme passe* ici-bas, mais *la vérité reste*,
Seule elle brille au ciel d'un éclat tout céleste ;
Avec *humilité* méditez ses leçons.

Interrogez souvent ceux dont chacun révère
La conduite si sainte et les touchants discours ;
Respectez les avis que donne sans détours
Le vieillard vénéré qui finit sa carrière.

XVI.

Des affections déréglées.

LIV. Ier, CH. VI.

—

Toutes les fois qu'un homme en son âme oppressée
Sent un désir coupable, aussitôt sa pensée
Et se trouble et s'agite; il ne goûte jamais
Dans l'altière grandeur le repos ni la paix.

Le pauvre, *humble d'esprit*, le pauvre en sa chau-
Vit en paix chaque jour, oubliant sa misère.   [mière
Quiconque n'est pas *mort*, dans le fond de son cœur,
Sera bientôt vaincu par l'esprit séducteur.

L'homme faible et *charnel* à ses désirs succombe;
Il s'attriste souvent des obstacles du monde;
Et dès qu'il touche au but de ses ardents efforts,
Le remords à l'instant s'élève dans son âme;
Il ne sent plus les dons de la divine flamme,
Jouet infortuné des plus mauvais transports !

Non, non, jamais de paix aux passions *charnelles*,
Jamais aucun repos : les cités éternelles
      Se fermeront, hélas !
Mais je les vois s'ouvrir devant l'âme fervente,
Éprise de son Dieu dont la grâce puissante
      A guidé tous ses pas.

XVII.

De la Méditation de la Mort.

LIV. Ier, CH. XXIII.

—

Ce sera fait de vous et bien vite, pécheurs;
    Voyez donc l'état de votre âme;
L'homme existe aujourd'hui, mais demain, ô douleurs!
    De ses jours finira la trame.

O cœurs durs, insensés, sans foi dans l'avenir,
    Dans vos actes, dans vos pensées
Soyez tels en ce jour que s'il fallait mourir;
    Songez à vos fautes passées.

Hélas! que vous sert-il de vivre longuement
    Loin de vous corriger encore,
Vous méritez bien plus le juste châtiment
    De ce péché qui vous dévore.

Si la mort est cruelle, il est plus dangereux
    De vivre longtemps sur la terre;
Qui sait se préparer à la mort est heureux
    Quand a sonné l'heure dernière.

Si près de vous un homme a fini son destin,
    Pensez à bien mourir vous-même :
En méditant le soir, songez que le matin
    Peut arriver l'instant suprême.

Plusieurs sont enlevés par un soudain trépas,
    Le *Fils de l'homme* nous appelle,
Au moment redoutable où l'on n'y pense pas;
    Tremblez, voici l'heure éternelle.

Le temps fuit et déjà c'est le jour du salut;
    Ah ! saisissez l'instant propice.
O douleur ! ô regrets ! vous oubliez le but,
    Vous tombez dans le précipice.

Un jour viendra bientôt où, malgré vos désirs,
    Vous ne pourrez avoir une heure

Pour vous purifier par de saints repentirs
    Et rendre votre âme meilleure.

Insensé, qui croyez vivre en ces lieux toujours
    Lorsque votre existence expire !
Combien dans cette erreur sont morts en peu de jours,
    Combien de fois on *l'entend dire* :

L'un est mort par le fer et l'autre par le feu,
    Plusieurs, *tombés* dans la nuit sombre,
Quelques-uns dans les eaux, par la peste ; en tout lieu
    L'homme s'éteint ainsi qu'une ombre.

Mais après votre mort, qui prîra le Seigneur
    D'éloigner de vous sa vengeance ?
Ah ! ne songez qu'au ciel, et, rempli de ferveur,
    Des saints imitez la constance.

A l'heure où vous verrez finir ces biens mortels,
    Sous *leur* égide favorable

Priez, *ils* guideront aux parvis éternels
L'âme fervente et charitable.

Que vos gémissements s'élèvent vers les cieux;
Répandez des larmes pieuses,
Afin qu'après la mort au séjour bienheureux
Vos âmes montent glorieuses.

XVIII.

Du Jugement et de l'Enfer.

LIV. Iᵉʳ, CH. XXIV.

Considérez toujours et le but et la fin;
Tansportez-vous au temps marqué par le destin
Où vous serez debout en présence du Juge ,
Pour qui rien n'est secret. Alors plus de refuge ,
Selon l'ordre éternel Dieu seul vous jugera ;
O pécheurs insensés , qui donc vous sauvera ?
Que répondre au Seigneur ? quel oubli trop coupable
Sans rien prévoir vous pousse à ce jour redoutable
Où nul n'aura d'excuse , où tous en gémissant
Fléchiront sous le poids de leur fardeau pesant.

L'homme juste ici-bas sait trouver un *calvaire,*
En méprisant l'outrage, heureux de sa misère,
En pardonnant à tous , priant pour ses bourreaux ,
Domptant ses passions et souffrant tous les maux.
Ah ! qu'il vaudrait bien mieux *déraciner ses vices,*
Que chercher des délais ou des temps plus propices.

Que doit donc dévorer, hélas ! ce feu cruel?
Vos péchés, vos péchés ! au supplice éternel
Vous réservez vos sens flattés en cette vie,
A l'enfer le pécheur lui-même se convie.
Les paresseux seront d'aiguillons transpercés,
Et les intempérants par la faim oppressés ;
Là, les voluptueux, dans une poix brûlante,
Hurleront dévorés par une soif ardente ;
L'orgueilleux à la honte y sera destiné ;
L'avare à l'indigence à jamais condamné ;
Ici le désespoir le plus grand se console ;
Là nul repos ni trève et l'heure qui s'envole
Y paraîtra semblable à cent ans de rigueurs.
Ah ! soyez aujourd'hui pénétré de douleurs,
Pour partager, au jour de céleste vengeance,
Le bonheur des élus et leur juste assurance.

Alors vous apprendrez qu'il fut sage ici-bas
Celui qui pour Jésus souffrit tant de combats ;
Alors l'iniquité se taira confondue ;
L'impiété sera de douleur éperdue ;
Les justes d'allégresse y seront transportés ;

Les pauvres brilleront d'éternelles clartés.
La pureté d'un cœur que Jésus sanctifie
Ternira tout l'éclat de la *philosophie*.

Alors de la prière un pieux souvenir
Consolera bien mieux que celui d'un plaisir ;
Dieu saura préférer aux grandeurs de la terre
Des jours remplis de peine, abreuvés de misère.
Mais si vous ne savez souffrir quelques moments,
Pourrez-vous endurer les éternels tourments ?
On ne saurait goûter un délice coupable
Et régner avec Dieu dans sa gloire immuable.

Que servira d'avoir vécu dans la grandeur,
Quand il faudra mourir ? Hélas ! sans le Seigneur,
Tout n'est que vanité, triste mère des vices !
Qui chérit Jésus-Christ ne craint pas les supplices,
Ni la mort, ni l'enfer, au jugement dernier ;
Mais celui que le *mal* enchaîne tout entier,
Des horreurs du trépas redoutant les atteintes,
Subira du démon les funestes étreintes,

XIX.

Des merveilles de l'amour de Dieu.

LIV. III, CH. V.

—

Seigneur, je vous bénis, de Jésus vous le père,
Vous qui me visitez souvent dans ma misère,
Vous qui séchez mes pleurs;
O père de bonté, Dieu de grâce infinie,
Que votre main prodigue en tous lieux soit bénie
A jamais dans nos cœurs!

O Jésus, doux Sauveur, objet de ma tendresse!
Mon âme à votre aspect, tressaille d'allégresse,
Vous êtes mon soutien;
Vous êtes mon bonheur, toute mon espérance,
Mon refuge et mon bien; faites que ma constance
Soit digne d'un chrétien.

Mais mon amour est faible et ma vertu chancelle;
J'ai besoin de secours, venez, je vous appelle,
Venez me secourir,

Délivrez-moi surtout des passions, des vices,
Bannissez de mon cœur leurs funestes délices,
     Je pourrai tout souffrir.

Qu'il est grand, cet amour, seul bien digne d'envie;
Seul il peut alléger le fardeau de la vie,
     Seul il est éternel.
Oui, l'amour de Jésus enfante des miracles,
Il aspire aux sommets, il détruit les obstacles
     Et monte jusqu'au ciel.

L'amant rempli d'ardeur s'élance en la carrière;
Rien n'arrête son vol, il franchit la barrière,
     Il est libre, il est fort;
Il donne ses trésors pour le seul bien suprême,
Il donne sans mesure, il se donne lui-même
     Dans un divin transport.

Rien ne pèse à l'amant, que tant d'ardeur enflamme,
Il tente l'impossible et ne trouve en son âme,
     (Car il veille toujours),

Ni repos, ni sommeil, et tel qu'une étincelle,
Il s'élance soudain vers la voûte éternelle
      Aux célestes amours.

C'est ainsi que sa voix jusqu'au Seigneur s'élève,
Comme un cri : « Mon amour, c'est mon Dieu, c'est mon
      » Mon Sauveur est à moi ;   [rêve]
» Oui, je suis tout à lui ; que l'amour me ravisse,
» Qu'il me transporte encore, ô suprême délice !
      » Vers Jésus, mon seul Roi !

» Que je chante d'amour mille et mille cantiques,
» Que je suive Jésus jusqu'aux divins portiques,
      » Que j'expire en disant :   [même,]
» Je vous aime, ô Seigneur, cent fois plus que moi-
» Je chéris mon prochain et quiconque vous aime,
      » Car il est votre enfant. »

L'amour est doux, pieux, sincère et magnanime,
Prudent, fidèle et fort, sa constance est sublime,
      Il ne se flatte pas

Il est humble, il est droit, il fuit les choses vaines,
Chaste, ferme et tranquille, il méprise les peines,
    Il aspire aux combats.

Qui ne veut pour Jésus souffrir plus d'un outrage,
Se consacrer à lui sans trève, sans partage,
    Ne sait pas bien chérir;
Le véritable amant aime l'ignominie,
La honte, les tourments, la mort et l'agonie,
    Trop heureux de mourir.

XX.

De la patience pour vaincre les passions.

LIV. III, CH. XII.

VOIX DU DISCIPLE.

Seigneur, combien la patience
Est nécessaire pour mon cœur,
Dans ce monde plein de souffrance,
Dans ce séjour de la douleur.

Je veux la paix, et c'est la guerre
Qui seule répond à ma voix ;
Et je ne trouve en ma carrière
Que des maux, des tourments, des croix.

VOIX DU CHRIST.

— Il est vrai, mon enfant, mais je veux, dans la vie,
Vous donner et le bien et le mal tour à tour ;
Je veux vous éprouver, sous les coups de l'envie,
Par les tentations et sous le poids du jour.

Et si vous ne pouvez accepter ce calice,
Comment souffrirez-vous, songez-y bien, hélas!
Le feu du purgatoire? Évitez ce supplice
En supportant les maux d'un instant, les combats.

Pensez-vous que les grands et les heureux du monde
N'aient rien ou peu de chose ici-bas à souffrir?
Vous vous trompez, mon fils, votre erreur est profonde;
Ces dehors si brillants cachent un long martyr.

— Mais ils ont, dites-vous, les plaisirs, l'abondance,
Ne prenant de conseil que de leurs volontés,
Ils sentent peu le poids d'une rare souffrance
Et se livrent sans frein à tant de voluptés. —

Eh bien! soit.... mais, hélas! cette joie éphémère,
Combien durera-t-elle? à peine jusqu'au soir....
Ainsi qu'une fumée elle passe sur terre,
Sans laisser de bonheur, sans leur rendre l'espoir.

Oh! que tous ces plaisirs sont vains et peu durables,
Qu'ils sont faux et honteux, criminels et menteurs.
Et pourtant, enivrés de ces dons misérables,
Des humains aveuglés en goûtent les horreurs.

Pour vous, ô mon enfant, ne suivez pas leur trace,
Détachez votre cœur d'un détestable amour;
Demandez au Seigneur qu'il vous donne sa grâce;
Il vous la donnera sans compter, sans retour.

Tout d'abord éperdu, souffrant, plein de tristesse,
Ah! vous ne vaincrez pas sans avoir combattu;
La chair murmurera dans sa propre faiblesse,
Mais vous verrez bientôt triompher la vertu.

Enfin si vous cherchez un bonheur sans nuages,
Ces consolations que promet l'avenir,
Du monde méprisez la joie et les orages,
Je serai près de vous, je viendrai vous bénir.

SECONDE PARTIE.

IDÉE GÉNÉRALE : — FERVEUR, ONCTION, PIEUX AVIS;
PRÉPARATION A LA SAINTE COMMUNION; GRACE DIVINE,
EXALTATION.

I.

Exhortations à la Communion
LIV. IV, PRÉF. ET CH. Ier.

VOIX DU CHRIST.

Venez, venez à moi, vous qui dans les souffrances
Endurez tout le poids d'un trop rude labeur;
Ah! je soulagerai votre grande douleur,
Je donnerai mon corps, ma chair pour vos offenses.

Prenez, mangez ceci, car c'est mon divin corps,
Que je livre pour vous; prenez, en ma mémoire,

Je vous donne mon sang; ah! puissiez-vous le boire;
Vous serez avec moi, vous deviendrez plus forts.

Et moi-même avec vous, ô sort digne d'envie!
Je serai pour toujours, si vous persévérez.
Croyez à ma parole, à ces mots consacrés,
Car ces mots si touchants sont *l'esprit et la vie.*

VOIX DU FIDÈLE.

— Ce sont là vos discours, paroles éternelles,
O Jésus! mon Sauveur, promesses immortelles,
      O grande vérité!
En quel temps, déjà loin, nous les avez-vous dites?
Ah! qu'importe en quels lieux vous les avez écrites,
      Roi de l'immensité?

— « Venez, venez à moi, vous qui souffrez encore,
» Qui semblez oppressés sous un mal que j'abhorre,
      » Je vous ranimerai. »
— O parole d'amour, miséricordieuse
Pour le pécheur contrit! parole généreuse
      Pour le pauvre égaré!

Mais qui suis-je, Seigneur? Oserai-je sans crainte
De votre temple saint pénétrer dans l'enceinte,
Car *les cieux* ne sauraient *aux cieux* vous contenir?
Et vous dites pourtant, vous le Dieu des archanges,
Vous qui faites trembler les célestes phalanges :
« Venez, venez à moi, puissiez-vous tous venir ! »

VOIX DU CHRIST.

— Prenez, buvez mon sang, le sang de l'alliance,
O vous tous dont la soif fait toute la souffrance,
　　Vous qui semblez abandonnés.
Ah ! ne refusez pas de boire à ces eaux vives,
N'allez pas à l'écart chercher des *eaux furtives :*
　　Hélas ! vous seriez condamnés.

A ceux-là je prépare un bien amer breuvage ;
Leurs yeux vont s'obscurcir sous un sombre nuage,
　　Pendant ce pénible sommeil ;
Ils rêvent qu'ils vont boire et, pleins de lassitude,
Altérés, haletants, remplis d'inquiétude,
　　Leur âme est bien vide au réveil.

Ah ! venez donc vers moi, je suis le pain de vie ;
Celui qui vient à moi, voit sa faim assouvie,
    Et s'il a bu mon sang
Et mangé de ma chair, à la vie éternelle
Un jour je le rendrai ; dans la gloire immortelle
    Il sera triomphant.

Prière avant la Communion.

TIRÉE DU CHAP. VI.

Seigneur, lorsque je considère
Votre souveraine grandeur,
Et ma bassesse et ma misère,
Je suis tout saisi de frayeur ;
Je veux me confondre moi-même
Car en laissant le bien suprême
Que nous offre ce sacrement,
On meurt au milieu de la vie ;
De ce bonheur digne d'envie
Je veux approcher dignement.

Si j'irritais votre vengeance,
A jamais je serais perdu ;
Que deviendrait mon espérance ?
Sans vous je me sens confondu.
Venez soutenir ma faiblesse,
Venez relever ma bassesse,
Enseignez-moi le vrai chemin.
Disposez-moi par la prière
A recevoir mon Dieu, mon père,
Dans ce sacrifice divin.

II.

Des entretiens intérieurs de Jésus-Christ.

LIV. III, CH. Ier.

J'écouterai de Dieu la parole ineffable
Au dedans de mon cœur, ô joie inénarrable !
Heureux le cœur fidèle à qui Notre-Seigneur
Parle et daigne adresser un mot consolateur.
Bienheureuse l'oreille à sa voix attentive
Où du monde jamais le bruit confus n'arrive ;
L'oreille où retentit l'écho de vérité,
Non la voix *du dehors* et sa malignité.
Heureux les yeux fermés aux choses de la terre ;
Heureux ceux qui, du cœur pénétrant le mystère,
Découvrent, chaque jour, du ciel quelques secrets,
Et des désirs mortels méprisent les objets.

Considère, ô mon âme, et sois bien recueillie
Pour entendre de Dieu la parole accomplie ;

Voici donc ce que dit cette voix du Seigneur :
« Je suis pour tous la paix , le salut , le bonheur ;
» Demeurez près de moi, vous trouverez la grâce ;
» Cherchez l'éternité, *laissez là ce qui passe.* »

Que sont tous les attraits du siècle ? vanité !
Pensez-vous en tirer la moindre utilité,
Si Dieu vous abandonne ? Ah ! songez à lui plaire ,
Pour qu'il vous guide au ciel de sa main tutélaire.

III.

Il faut fuir la vaine espérance et l'orgueil.

LIV. 1er, CH. VII.

Bien insensé celui qui met son espérance
En quelque créature ou vaine jouissance :
Aimez votre prochain, heureux de le servir,
Aimez la pauvreté que Jésus sait bénir.
Loin de vous appuyer sans raison sur vous-même
Reposez-vous en Dieu, dont la bonté suprême
Console vos douleurs durant l'adversité,
Et donne de la force à votre *volonté.*
N'allez donc pas un jour, trompé par l'imposture,
Mettre tout votre espoir en quelque créature,
Confiez-vous, mon fils, en la grâce des cieux
Qui soutient le cœur humble et punit l'orgueilleux.

Mais qui pourrait encor *s'exalter* dans la pompe,
Ébloui par les grands dont *l'amitié* nous trompe ?

N'est-ce pas Dieu qui donne, ô prodige d'amour !
Et qui veut à nos cœurs *se donner* chaque jour ?
Ne vous *élevez* point à cause *de la force*
Ou des beautés du corps, ô misérable écorce,
Que flétrit dans la vie un malheur passager
Et que dans peu de temps les vers viendront ronger.

Ne vous estimez pas plus saint que beaucoup d'autres;
Leurs œuvres valent mieux sans doute que les vôtres,
Aux yeux de l'Éternel qui voit tout ici-bas.
De vos talents, mon fils, ah! ne vous vantez pas,
Car les décrets de Dieu ne sont pas ceux du monde :
Dieu condamne ces biens où votre espoir se fonde.

IV.

Qu'il faut éviter la familiarité.

LIV. Ier, CH. VIII.

—

N'ouvrez pas votre cœur *à tous* sans prévoyance,
Confiez vos ennuis à qui craint le Seigneur ;
Du jeune âge surtout redoutez l'imprudence,
Et jamais, ô mon fils ! ne flattez la grandeur.

Aimez les humbles cœurs et leurs vertus pieuses,
Sachez édifier par de sages discours ;
Alors, aimant en Dieu *les femmes vertueuses*,
Avec elles jamais vous n'aurez de détours.

Vous élevant vers Dieu, vers les anges sans cesse,
Ah ! vivez inconnu sous l'abri des autels,
Et votre charité sera votre richesse.
Sans les connaître assez on vante les mortels ;

Mais sitôt qu'on les suit, soudain le masque tombe,
Leur réputation montre sa vanité,
Et quand nous croyons *plaire* aux hommes dans le
C'est alors que chacun voit notre iniquité. [monde,]

V.

De l'oblation de Jésus sur la croix.

LIV. IV, CH. VIII.

VOIX DU CHRIST.

Moi, je me suis offert, victime volontaire,
    Les bras étendus sur la croix;
Pour vaincre le péché je m'offris à mon Père,
    Cloué sur un infâme bois.

Comme je m'immolai, dans un affreux supplice,
    Pour calmer le courroux du ciel,
De même chaque jour, dans le saint Sacrifice,
    Donnez votre âme à l'Eternel.

Venez, comme une hostie et si pure et si sainte,
    Vous offrir tout entier à moi;
Du fond de votre cœur, approchez-vous sans crainte,
    Songez aux douleurs de la croix.

Tout le reste n'est rien, c'est votre âme que j'aime;
    Consacrez-la donc à Jésus,

Dans une oblation complète de vous-même ;
    Les autres dons sont superflus.

Si plusieurs ne sont point guidés par ma lumière,
    Et par les célestes clartés,
C'est qu'ils ne savent pas, pour l'amour de mon Père,
    Éloigner d'eux les vanités.

Vous avez entendu ma parole éternelle :
« Quiconque pour Jésus ne s'est pas immolé,
» Ne sera point mon fils ; dans la gloire immortelle,
» Ce fils ingrat jamais ne sera consolé. »

VI.

La vérité parle en notre cœur sans bruit de paroles.

LIV. III. CH. II.

Parlez, Seigneur, parlez à mon âme attentive,
Vers votre serviteur que votre voix arrive ;
Remplissez tout mon cœur de pieux sentiments,
Que je comprenne enfin vos saints commandements.

Autrefois, en marchant vers la terre promise,
Les enfants d'Israël s'écriaient : « O Moïse,
» *Parlez-nous !* ah ! Seigneur, non, non, *ne parlez pas,*
» Vos terribles accents seraient notre *trépas.* »

Ce n'est point là, Seigneur, ce n'est point ma prière ;
Ainsi que Samuel, je vous dis au contraire,
D'un cœur humble et soumis à vos justes décrets :
« O Seigneur, parlez-moi, j'écoute vos arrêts. »

Que Moïse se taise, ainsi que les Prophètes ;
Mais vous, mon Dieu ! parlez de la gloire où vous êtes,

Vous l'esprit, le flambeau des Prophètes divins,
Vous qui comblez nos cœurs de vos secrets desseins.

Ils peuvent prononcer des paroles sensées,
Mais ils ne donnent point *l'esprit* de vos pensées ;
Leur langage est bien beau, mais cependant, Seigneur,
Si vous ne parlez pas, rien n'enflamme le cœur.

Ils enseignent *la lettre*, ils parlent des mystères :
Vous découvrez *le sens* par vos saintes lumières.
Vos préceptes par eux nous sont recommandés,
Mais pour les bien remplir c'est vous qui nous aidez.

Des sentiers du salut ils montrent l'harmonie ;
Vous donnez pour y vivre une force infinie ;
A nos sens éperdus s'ils parlent quelquefois,
Vous soutenez nos cœurs dans l'amour de vos lois.

Que Moïse se taise ; ô vérité céleste !
Préservez-moi, Seigneur, *de cette mort* funeste ;
Que je n'entende pas vos paroles sans fruit ;
Je tomberai sans vous dans l'éternelle nuit.

VII.

On doit écouter humblement la voix de Dieu.

LIV. III, CH. III.

—

VOIX DU CHRIST.

Écoutez les accents les plus doux de ma voix,
Ils surpassent, mon fils, la science et les lois
De cet exil où tout à la mort vous convie;
Mes paroles pour vous, *c'est l'esprit et la vie.*
Selon le *sens humain* gardez-vous d'en juger,
Ou d'y chercher encore un plaisir passager.
Recevez mon avis dans un humble silence,
Avec un zèle ardent tout rempli d'espérance.

VOIX DU DISCIPLE.

Et moi j'ai dit : — Heureux celui que vous formez,
O Seigneur ! s'il entend vos décrets bien-aimés;
Vous pouvez adoucir sa profonde misère,
Afin qu'il ne soit plus désolé sur la terre.

5*

VOIX DU CHRIST.

Ce que donne le monde a bien peu de valeur,
Pourtant chacun le veut servir avec ardeur.
Le bien que je promets est éternel, immense,
Mais vos cœurs restent froids et sans reconnaissance.

« *Rougissez, ô Sidon !* » *dit la mer*. Ecoutez,
Voici le sens des mots que je vous ai dictés :
Pour le moindre *profit* on fait de longs voyages,
Et la plupart de ceux qu'on ose nommer sages
Pour obtenir le ciel ne font pas même un pas.
On recherche *en plaidant* tous les gains les plus bas.
Mais, ô honte ! ô douleur ! pour un bien immuable,
Pour un bonheur parfait, une gloire durable,
S'il faut quelque travail, on s'enfuit lâchement ;
Serviteur paresseux, pleurez amèrement,
Et *rougissez* de voir à leur perte fatale
Tant d'humains accourir d'une ardeur sans égale.

Ils ressentent bien plus l'attrait des vanités,
Que vous n'êtes charmé des saintes vérités.

Combien de fois sont-ils trompés dans leur attente ?
Et moi je donnerai, d'une main vigilante,
Afin de vous aider dans les *tentations*,
Tout ce que j'ai promis par mes prédictions ;
Et je fais chaque jour deux leçons à vos âmes :
L'une sur vos défauts en les couvrant de blâmes,
L'autre en vous enseignant les lois de l'équité,
Les lois de la vertu, puis de la sainteté.

Prière.

Devant votre gloire éternelle
Qui suis-je pour *parler*, Seigneur ?
Une créature mortelle ;
Je suis un pauvre serviteur,
Bien méprisable sur la terre :
Souvenez-vous de ma misère ;
Je ne puis rien, non, rien sans vous ;
Vous êtes saint, juste et propice,
Vous donnez tout, mais pour le vice
Vous réservez votre courroux.

Ah ! loin de vous l'âme exilée
Ressemble à la terre sans eau ;
Sans vous mon âme est désolée,
J'appelle à grands cris le tombeau.
Que votre désir s'accomplisse
Dans la sagesse et la justice ;
Vous voyez le fond de mon cœur ;
Car bien avant que fût le monde,
O vérité sainte et féconde !
Vous me connaissiez, doux Sauveur.

Pour traverser tous les orages,
De votre grâce comblez-moi,
Vous qui voulez que vos ouvrages
S'accomplissent sous votre loi.
Souvenez-vous de vos promesses,
Venez soutenir mes faiblesses
Par votre mérite infini ;
Venez me visiter vous-même,
Venez, Seigneur, mon bien suprême,
Consolez-moi, soyez béni !

VIII.

De la vie monastique.

LIV. Ier, CH. XVII.

—

Apprenez à dompter vos vœux et leurs chimères,
Si vous voulez en paix vivre avec tous vos frères.
Qu'il est beau de vouer tous ses jours à son Dieu,
Et de vivre en un *cloître* à l'ombre du saint lieu,
Sans y causer jamais ni murmure ni plainte.
Bienheureux qui couronne une existence sainte
Par une belle mort réservée aux élus ;
Mais pour persévérer et grandir encor plus,
Il faut être étranger, inconnu sur la terre,
Pour l'amour de Jésus rechercher la misère,
Et souffrir les mépris sous l'abri de l'autel.
Que sert le *vêtement,* si le cœur n'est au ciel ?

Ah ! songez au salut de votre âme immortelle ;
Sans le ciel tout est larme et douleur éternelle.

Nul ne peut demeurer dans la paix un seul jour,
S'il n'est humble, soumis, abaissé sans retour.
Ce n'est pas pour briller et commander en maître,
Mais bien pour *obéir*, que Dieu vous a fait naître.
Dieu vous a condamnés au travail, à la mort,
Et non pas au repos, à des jours sans effort.
Ainsi que l'or s'épure en la fournaise ardente,
Ici s'éprouve encor l'humanité souffrante.
Nul ne peut réussir à se sanctifier,
S'il ne sait en son cœur pour Dieu s'humilier.

IX.

Des exemples des saints Pères.

LIV. Ier, CH. XVIII.

—

Des Pères les plus saints que tout homme contemple
Pour vivre saintement le salutaire exemple.
Ah! ce que nous faisons a bien peu de valeur;
Que sommes-nous, chrétiens, près de tant de gran-
Les saints, dans le travail, la faim, les agonies, [deur?]
Le froid, la nudité, les tristes gémonies,
Dans la veille et les pleurs, les méditations,
Dans la prière, enfin les persécutions,
Les saints de Jésus-Christ, traînés dans la poussière,
Ont souffert, ont pleuré jusqu'à l'heure dernière.

Ces apôtres divins, ces confesseurs pieux,
Ces vierges, ces martyrs et tous les bienheureux,
De Jésus ici-bas pour atteindre la trace,
Ont *détesté* leur âme, aspirant à la grâce

De l'avoir dans le ciel pour une éternité.
Ah ! quel *renoncement* et quelle austérité
Nous montrèrent les saints dans le désert aride !
Que de tentations, et quel zèle intrépide,
Pour repousser loin d'eux *l'ennemi* désarmé !
Quelle guerre ils faisaient à leur cœur alarmé !
Ils travaillaient le jour, puis, du soir à l'aurore,
Ils priaient et durant tout leur travail encore,
Leur esprit ne cessait de s'élever au ciel.
Ils consacraient leurs jours sans cesse à l'Éternel.

Trouvant dans ce labeur un charme inexprimable,
Ils oubliaient la vie et leur corps périssable ;
Renonçant aux honneurs, aux amis, aux parents,
Aux plaisirs de ce monde, à tout indifférents,
A peine prenaient-ils les choses nécessaires ;
Si pauvres, mais comblés de grâces salutaires,
Ils n'avaient rien que Dieu dont l'amour leur restait.

Exilés ici-bas, Jésus les assistait ;
Méprisés dans le monde, humbles et charitables,
Ils étaient chaque jour à Dieu plus agréables ;

Modèles de tous ceux qui dans la vérité
Veulent de plus en plus chérir la piété.

Autrefois, quelle ardeur auprès du sanctuaire,
Quelle ferveur, quel zèle en l'âme solitaire !
Les *vestiges* des saints, après tant de combats,
Attestent leur vertu si parfaite ici-bas.
Puisse le souvenir d'existences si belles
Faire briller en vous ces vertus immortelles !

X.

Il faut se préparer avec grand soin à la communion.

LIV. IV, CH. XII.

VOIX DU CHRIST.

Je vous le dis, en vérité,
Je veux trouver une âme pure
Afin d'y reposer, car toute sainteté
Vient de moi, vient du ciel ; c'est Dieu qui vous l'as-
[sure.]
Mes disciples et moi, nous allons tous venir,
Pour célébrer la Pàque ; *ouvrez un grand cénacle ;*
Je ne puis demeurer en vous, à l'avenir,
Si votre cœur n'est pur comme un saint tabernacle.

Bannissez le vain bruit du siècle et gémissez
Comme le passereau sur un toit solitaire.
Songez à vos défauts, ils seront effacés
        Par une douleur salutaire.

Ce n'est que par ma grâce et ma seule bonté
Qu'il vous sera permis d'approcher de ma table ;
Pareil au mendiant par le riche invité,
Quand reconnaîtrez-vous ce bienfait admirable ?

C'est moi qui vous appelle, accourez près de moi,
Venez me recevoir ; si vous êtes *aride*
Priez avec ferveur ; est-il plus douce loi ?
Et bientôt de ma chair vous deviendrez avide.

Et moi je viens à vous pour vous rendre meilleur,
Pour vous sanctifier dans les eaux de la vie,
Et pour vous enflammer d'une nouvelle ardeur
Au banquet sans égal où Jésus vous convie.

XI.

De l'entière résignation de soi-même.

LIV. III, CH. XXXVII.

VOIX DU CHRIST.

Mon enfant, *quittez-vous* et vous me trouverez ;
N'ayez donc rien à vous, aucun don de la terre,
Vous recevrez ma grâce et si douce et si chère,
  Oui, pour jamais vous la posséderez.

LE DISCIPLE.

Pour gravir le sentier où votre loi m'entraîne,
Seigneur, que *renoncer*, que quitter dans ma peine ?

LE CHRIST.

Tout et toujours, mon fils, tous les dons, tous les biens,
Les grands et les petits, laissez tout sans réserve,
Je n'en excepte rien ; que le ciel vous préserve
  De conserver sur terre aucuns liens.

Plus vous vous hâterez de briser l'esclavage,
Plus vous aurez de paix, de ferveur, de courage.

Ah ! combien j'en ai vus qui paraissaient pieux,
Voulant se *résigner ;* mais une erreur funeste
Les enchaînait encore, et la grâce céleste
   — Présent chéri — bientôt s'éloignait d'eux.
Je vous l'ai dit cent fois, je le dirai sans cesse :
Quittez-vous, renoncez au terrestre séjour ;
Vous trouverez la paix dans le divin amour,
   Et désormais vous serez sans faiblesse.

Donnez tout, ô mon fils, dans le plus saint transport ;
Mais ne demandez rien et vous offrant vous même
—Pour posséder Jésus — à Jésus qui vous aime,
   Vous serez libre et sauvé de la mort.

Que vos efforts, vos vœux, vos désirs, vos pensées,
N'aient qu'un unique objet, de suivre Jésus-Christ,
De mourir à vous même, en bravant les mépris,
   Et vos douleurs seront récompensées.

XII.

De l'amour de la solitude et du silence.

LIV. Ier, CH. XX.

—

Chaque jour apprenez à rentrer en vous-même,
A penser au Seigneur, à sa bonté suprême,
Oubliant ce qui peut nourrir la vanité
Pour lire des écrits remplis de charité ;
Puis, redoutant surtout un discours inutile,
Fermez l'oreille au bruit de ce monde futile.
Dans vos loisirs priez comme faisaient les saints;
Autant qu'ils le pouvaient ils fuyaient les humains,
Afin de servir Dieu dans la retraite austère.
Un ancien nous l'a dit — son arrêt est sévère —
« En approchant d'un monde avili par l'erreur,
» On ne retrouve en soi que poison, que douleur ! »
Aucun n'est sans péril s'il n'a point de prudence;
Nul ne sait bien *parler* s'il n'aime le silence;
Nul ne peut commander sans savoir obéir;
Nul enfin s'il n'est bon ne doit se réjouir.

Les saints, toujours remplis de la divine crainte,
Révérant de Jésus la majesté si sainte,
Des vertus possédaient tous les dons éclatants :
Ils étaient doux, pieux, éclairés, vigilants.
Mais souvent les meilleurs dans l'estime des sages,
Des dangers les plus grands ressentent les orages;
Bien des *tentations* sont bonnes à souffrir,
Car sans elles l'orgueil nous viendrait asservir.
De ce monde en fuyant à jamais la chimère,
N'ayez plus de souci des choses de la terre;
Vous goûterez ainsi le bonheur éternel.

Qui pourrait ici-bas trouver la paix du ciel,
Sans la *componction* dont la vertu nous touche?
Sachez vous recueillir même sur votre *couche*,
Au fond de la cellule, adorant le Sauveur;
C'est là que du repos on goûte la douceur.
Ainsi l'âme pieuse, exempte de souillure,
Pénètre en méditant le sens de l'*Écriture;*
Chaque nuit en silence elle verse des pleurs,
Et convoitant de Dieu les célestes splendeurs,
Aime à fuir en secret le tumulte du monde
Et veut lui préférer l'obscurité profonde !

Objet vain et trompeur qu'il nous faut détester,
Le monde passera, qui pourrait en douter?
Vous *sortez* plein de joie, et bientôt la tristesse
Reste seule à vos sens qui cherchaient l'allégresse.
Que voulez-vous au loin aller poursuivre encor?
N'avez-vous pas assez de votre humble trésor?
Vous avez sous les yeux, les éléments, la terre,
Le ciel, votre patrie, et la nature entière;
Ah ! dans la solitude, heureux, enseveli,
Abreuvez-vous d'amour, d'espérance et d'oubli !

XIII.

De la nature et de la grâce.

LIV. III, CH. LIV.

Souvenez-vous, mon fils, la grâce et la nature
En mouvements divers, dans chaque créature,
S'épandent dans le cœur, et souvent ici-bas
L'homme le plus instruit de la grandeur céleste
(Chaque jour nous en montre un exemple funeste)
  Ne les discerne pas.

D'artifice et d'erreur la nature est remplie :
Elle attire, surprend, trompe l'âme amollie
Par ses séductions, sans vouloir d'autre fin ;
La grâce fuit toujours du mal toute apparence,
Ne tendant pas de piége, elle imite en silence
  Son modèle divin.

La nature, on le sait, de la mort s'épouvante;
Elle, toujours vaincue, abaissée ou souffrante,

Se refuse à plier, se refuse à mourir.
Mais la grâce, ô mon fils, à la douleur aspire,
Elle aime à s'abaisser, pour Jésus seul respire
            Et demande à souffrir.

Oui, c'est par *intérêt* que la nature avide
Travaille en calculant le gain le plus sordide
Qu'elle peut retirer du marché le plus vil;
La grâce du Seigneur jamais ne considère
Pour elle aucun profit, dans ce monde éphémère,
            Et ne veut que péril.

Elle veut endurer l'opprobre et les injures,
Pour le nom de Jésus, et souffrir sans murmures
Tous les maux les plus grands qui frappent les mortels;
Car elle a mis sa joie aux cieux où rien ne passe;
Son trésor est si grand qu'aucun bien ne l'efface;
            Ses dons sont éternels.

Et tandis qu'il répugne à la nature humaine
De vivre en pauvreté, de s'abreuver de peine,
De porter chaque jour le poids de nos malheurs,

La grâce se complaît au sein de l'indigence,
Se couvre de *haillons* ou bénit la souffrance
        Qui lui vient du Seigneur.

La nature se donne aux objets de la terre,
A la chair, au plaisir, vanité passagère !
        Tout l'enchaîne en ces lieux.
Mais comment, ô douleur ! pour une ardeur coupable
Qui captive les sens, pour un bien périssable,
        Abandonner les cieux.

La grâce élève à Dieu, renonce aux créatures,
Hait le monde et la chair, fuit les douceurs impures,
Ne cherche de bonheur qu'en Dieu, toujours béni ;
Elle monte au-dessus de la triste vallée,
Ainsi qu'une colombe au ciel pur envolée,
        Et touche à l'infini.

La nature chérit le sang et la naissance ;
Elle aime la fortune, encor plus la puissance ;
Elle veut s'entourer de ses amis nombreux ;
La grâce prise peu l'état et la noblesse,

A moins que la vertu n'augmente leur richesse
    De ses dons précieux.

Mais son regard au pauvre est bien plus favorable
Qu'au riche, *à l'innocent* elle est plus secourable,
Et par la vérité veut combattre l'erreur :
Elle soutient *les bons* de sa voix pure et sainte,
Les rappelant sans cesse à la divine crainte
    D'un Dieu votre Sauveur.

La grâce est un flambeau surnaturel, immense ;
C'est le sceau des élus, le gage d'espérance,
Guide rapide et sûr du salut éternel ;
C'est par elle que l'homme enlevé de la terre
S'élève jusqu'aux cieux, brisant la chaîne amère
    Qui le rendait charnel.

Plus la nature est faible et paraît chancelante,
Plus la grâce s'épand généreuse, abondante ;
Plus on la voit, mon fils, renaître chaque jour ;
Elle remplit le cœur de son divin courage ;
De Jésus mort en croix elle y place l'image
    Sur un trône d'amour.

XIV.

De la grande bonté de Dieu dans l'Eucharistie.

LIV. IV, CH. II.

Seigneur, je viens à vous en toute confiance,
Dans la miséricorde et plein d'impatience,
　　Oui, je veux m'approcher de vous;
En malade je cours aux sources de la vie,
Et, pauvre et délaissé, ma faim est assouvie;
　　Esclave encor, l'âme ravie,
　　Je tombe à vos sacrés genoux.

Mais que suis-je, Seigneur? quel est ce misérable
Qui vers vous tend les bras et vient à votre table
　　Pour laver son iniquité?
Ah ! vous n'ignorez pas ma honte et ma bassesse,
Et moi de tous vos dons je connais la richesse;
　　Je rends grâce à votre tendresse
　　Pour votre immense charité !

6

O tendre et doux Jésus ! combien dans nos louanges
Nous devons nous unir aux cantiques des anges,
    Avant de toucher votre corps !
Votre corps précieux, ô festin salutaire !
Votre corps consacré par l'ardente prière,
    Que rien n'égale sur la terre
    Et qui doit nous rendre si forts.

Ah ! que dois-je penser en mon âme attendrie,
Quand je reçois mon Dieu, mon Seigneur et ma vie,
    Que je sais à peine bénir !
Et pourtant, doux Jésus, je chéris votre chaîne ;
Je veux vous adorer, vous louer dans ma peine,
    N'avoir pour moi que de la haine
    Dans un sincère repentir.

Vous, si saint et si pur ; moi, néant et poussière ;
Moi, *rebut* des pécheurs, enfant de la misère,
    Vous vous répandez dans mon cœur ;
Moi, qui ne pourrais pas vous regarder en face,
Vous approchez de moi dans ce don efficace ;
    Dans un présent que rien n'efface
    Vous vous donnez, mon doux Sauveur.

Pain descendu des cieux, *aliment* angélique,
Pain qui donnez la vie à l'homme pacifique,
    Pain, source de tout mon amour;
Que ne vous dois-je pas pour ces biens ineffables,
O Seigneur, qui créez ces *banquets* délectables;
    Que vos œuvres sont admirables !
    Je me donne à vous sans retour.

Qui pourrait le comprendre, ô chose merveilleuse !
Mais que nous devons croire en notre âme pieuse,
    Ce maître, que nul ne peut voir,
Est présent tout entier sous la moindre partie
Et du pain et du vin, dans la divine hostie....
    Ah! puissé-je avec modestie
    Dans un cœur pur le recevoir !

Réjouis-toi, mon âme, et rends grâce sans cesse
D'un don si magnifique, en ton ardente ivresse,
    Et de ces consolations
Promises par Jésus dans ce vallon de larmes,
Lui dont la charité vient bannir tes alarmes,
    O sacrement rempli de charmes,
    Divines bénédictions !

Et quand vous célébrez ce sublime mystère,
Ne vous semble-t-il pas que Jésus sur la terre
    Descend pour la première fois ?
Que la Vierge Marie, et si sainte et si pure,
Vient de donner le jour au Roi de la nature;
    Ou que, trahi par l'imposture,
    Jésus va mourir sur la croix ?

XV.

De l'ardent désir de recevoir Jésus-Christ.

LIV. IV, CH. XVII.

Tout embrasé d'amour, Seigneur, et de tendresse,
Je veux vous recevoir dans le fond de mon cœur,
Ainsi que les grands saints dans leur ardente ivresse,
Quand ils venaient s'asseoir au banquet du Sauveur.

Oui, Jésus, mon Roi, mon doux maître,
Je veux, comme les saints du ciel,
Vous posséder, venez remplir mon être
De ce feu puissant, éternel.

Indigne que je suis d'éprouver en mon âme
De votre amour les tendres sentiments,
Je vous offre pourtant de ma pieuse flamme
Tous les plus doux élancements.

Je veux vous recevoir, ainsi que votre Mère
Vous reçut dans son sein, temple de pureté,
Lorsque l'ange de Dieu dévoila le mystère
De l'*Incarnation* à son humilité.

Ah ! quels furent alors et sa joie et son zèle,
Sa foi, son doux espoir et sa grande ferveur !
Qu'il me soit fait selon la parole éternelle,
Dit-elle, *car je suis servante du Seigneur.*

Moi, je veux vous offrir toutes les espérances,
Tous les ravissements, tous les transports d'amour,
Les révélations et les désirs immenses
    Des bienheureux du céleste séjour.

    Seigneur Jésus, soyez-moi secourable ;
    Ah ! recevez mes désirs et mes vœux ;
    Je veux bénir votre nom ineffable,
    Et vous louer chaque jour en tous lieux.

    Esprits du ciel, ô séraphins, archanges,
    Peuples chrétiens, tribus de l'univers,
    Unissez-vous pour chanter ses louanges
    Par tout le monde et par delà les mers !

Et quand, nourris du pain qui doit sauver la terre,
Vous quitterez la table où l'Agneau s'est donné,
Frères, souvenez-vous de moi, de ma misère ;
Priez, priez pour moi, je serai pardonné.

XVI.

Du secours de Dieu.

LIV. III, CH. XXX.

VOIX DU CHRIST.

O mon fils, oui, je suis le Sauveur, votre père ;
Je vous fortifierai dans vos jours de misère ;
Venez, venez à moi, je vous consolerai ;
Si votre peine est grande, ah ! je l'adoucirai.

Et vous tous qui souffrez, que tardez-vous encore
A confier au ciel le mal qui vous dévore,
Oubliant que moi seul je pourrais vous guérir,
Loin de moi vous cherchez la joie et le plaisir.
Rien ne peut vous sauver, car c'est moi qui délivre
Quiconque espère en moi ; vous qui voulez me suivre,
Croyez-le, tout secours est perdu loin de moi,
Tout remède à vos maux serait vain sans ma loi.

Il n'est rien qui ne soit facile à ma puissance ;
Si vous avez la foi, puis la persévérance,
Pour vous luira le jour de consolation ;
Je viendrai vous sauver de la *tentation*.
Quel effroi vous domine ? Ah ! votre âme blessée
Aux jours de l'avenir attache sa pensée....
De là votre tristesse, inutile douleur !
A chaque jour suffit sa peine et son labeur.

Tel est l'homme pourtant ; il se laisse séduire
Par ces rêves bien faux ; il cède à leur empire.
Il n'importe au démon de l'une ou l'autre erreur :
D'un cruel avenir le fantôme trompeur
Ou du présent chéri l'illusion funeste :
Tout sert à sa vengeance, hélas ! tout vous l'atteste :
Tout lui devient égal, lorsqu'il peut parvenir
A vouer les humains au malheur à venir.

De vos cœurs cependant bannissez les alarmes ;
Croyez-en ma bonté qui séchera vos larmes.
Quand on croit tout perdu, sans retour, à jamais,
C'est alors que souvent je donne mes bienfaits.

Non, tout n'est pas perdu si, contre votre attente,
Un malheur imprévu vous frappe d'épouvante,
Ne soyez pas soudain sans courage, abattu,
Comme un lâche qui fuit sans avoir combattu ;
Et si je vous impose encore un sacrifice,
Une croix à porter.... de ma lente justice
Lorsque viendra le jour, ne désespérez pas,
Au royaume des cieux je guiderai vos pas.

Je connais de vos cœurs les secrètes pensées ;
Je sais qu'il est utile aux âmes oppressées
De souffrir quelquefois des revers, des douleurs.
Ah ! n'ayez plus d'orgueil, songez, pauvres pécheurs,
Que je puis retirer le seul bien qui vous charme ;
Que je puis, s'il me plaît, dissiper votre alarme,
Parce que tous les biens n'appartiennent qu'au ciel,
Et qu'en moi seul on trouve un bonheur éternel.

Si je vous trouble un jour par une peine amère,
Sans murmure, à votre aide appelez la prière.
Ne perdez point courage, et votre affliction
Se changera bientôt en *jubilation*.

7

« Disciples bien-aimés, comme m'aima mon père,
Je vous chéris, disais-je, allez sur cette terre,
Non pour y rechercher la joie et le plaisir,
Non pour y posséder des honneurs, mais souffrir
Les mépris, les dangers, le malheur et l'injure ;
Non pour un vain repos qui flatte la nature ;
Non pour jouir en paix du fruit de vos travaux,
Mais enfin pour savoir endurer tous les maux.

XVII.

De l'ardeur de quelques âmes pour le corps du Christ.

LIV. IV, CH. XIV.

—

Oh ! qu'elle est admirable
Votre bonté, Seigneur,
Pour le cœur !
On trouve à votre table
Du ciel tous les présents
Ravissants.

Que n'ai-je en ma pensée,
En venant près de vous,
Vous si doux,
Cette ardeur empressée
Qu'éprouvent vos élus,
Bon Jésus !

Oui, leur faim est immense,
Et votre divin corps,
    (O transports !)
Par sa douce présence,
Peut seul remplir leur cœur
    De bonheur !

Ces ardeurs nous appellent,
Ces désirs infinis
    Et bénis
Nous prouvent, nous révèlent,
Dans ce saint sacrement,
    Dieu vivant.

Ils voient Jésus paraître
Dans ce pain précieux,
    Pain des cieux,
Ceux qui du Christ, leur maître,
Savent suivre ici-bas
    Tous les pas.

Litanies.

—

Mon Roi, mon doux Jésus, propice et tendre Père,
    Miserere nobis !
Ayez pitié de moi, d'un pauvre de la terre.
    Miserere nobis !
Ah ! faites que souvent, dans ce grand sacrifice,
    Des mouvements bénis
Viennent toucher mon cœur, que ma foi s'affermisse
    Miserere nobis !
Seigneur, Dieu tout-puissant, donnez-moi votre grâce,
    Miserere nobis !
Donnez-moi la ferveur, la foi que rien n'efface.
    Miserere nobis !
Si le jour est venu, promis par la clémence
    A vos saintes brebis,
Venez me visiter, me combler d'espérance.
    Miserere nobis !

Si je ne brûle pas en mon âme amollie,
      Miserere nobis !
Éprouvez-moi, Seigneur, frappez, je vous supplie.
      Miserere nobis !
Puis, vous me donnerez votre divine extase.
      Miserere nobis !
Que votre ardent amour arrive et qu'il m'embrase.
      Miserere nobis !
Enfin quand sonneront pour moi les glas funèbres,
      Dans les sacrés parvis,
Venez, venez, Seigneur, éclairer mes ténèbres.
      Miserere nobis !

FIN DE L'IMITATION.

VARIANTES DE L'IMITATION.

Page 9.

Laissez gémir le monde en sa longue souffrance,
   Mais ne le suivez pas.

Page 13.

Heureux, trois fois heureux les humains qui révèrent
La vérité de Dieu dont les rayons éclairent.

Page 34.

. . . . il terrasse les ennemis.

. . . .
   Qui par Jésus lui fut promis.

Page 37.

Qui pourrait du Très-Haut sonder les jugements?
L'homme passe en un jour, mais la vérité reste;
Elle rayonne aux cieux d'un éclat tout céleste.
Méditez, ô mortels, ses beaux enseignements.

Page 60.

Où du monde jamais le bruit confus n'arrive,
Où retentit l'écho de ses divins accents,
Loin des biens d'ici-bas, trop funestes présents !

DERNIER CHANT

DE

LA VIE DE JÉSUS.

DERNIER CHANT

DE LA

VIE DE JÉSUS.

I.

Jésus prédit la ruine de Jérusalem et les signes avant-coureurs du jugement dernier.

.... En face de ce temple est un lieu de douleur,
Le mont des Oliviers, refuge du Sauveur :
De ce lieu les regards dominent sur les plaines ;
Jésus s'y retirait dans ses divines peines.
Là, priant à l'écart, ne cessant de gémir,
Il pleura nos péchés jusqu'au dernier soupir.
C'est de là que Jésus, assis sur la montagne,
D'un regard attristé contemplait la campagne.

Pierre, Jacques et Jean, ses disciples aimés,
De ses derniers discours justement alarmés,
Alors avec André près de lui s'approchèrent
Et, tout remplis de crainte, ainsi l'interrogèrent :
— « Ah ! dites-nous, Seigneur, dites-nous en quels
» Solyme croulera jusqu'en ses fondements?   [temps
» Quels signes précurseurs les feront reconnaître?
» Ces jours si malheureux, les verrons-nous paraître?

Ils se taisent, à peine étouffant leurs sanglots.
Jésus, sondant les cieux, leur répond en ces mots :
— « Amis, gardez-vous bien de vous laisser séduire,
Car des méchants viendront combattre mon empire;
O mensonge! ils diront : « De Dieu je suis le fils,
Et les temps sont venus, qui vous furent promis. »
Ah ! ne vous laissez pas séduire à ce langage,
Mais *à ma vérité* rendez toujours hommage. »

Il s'arrête, il soupire, il regarde le ciel,
Ses yeux semblent fixés sur le livre éternel.
Les anges du désert, plongés dans la prière,
Courbés, anéantis, le front dans la poussière,

Se relevaient ainsi, tranquilles, radieux,
Pour oublier la terre et ne voir que les cieux.

Cependant le Sauveur, dans sa *toute-science*,
Leur dit pour contenter leur juste impatience :
— « Lorsque vous entendrez éclater les combats,
La guerre et les malheurs ; en voyant les soldats
Ravager la Judée et l'univers en armes,
N'allez pas succomber sous d'indignes alarmes ;
Il faut que ces fléaux, mérités des humains,
Et de boue et de sang viennent couvrir leurs mains.
Ce n'est que le signal, précurseur des orages,
D'autres calamités troubleront ces rivages. »

Les disciples tremblaient et semblaient éperdus.
— « Relevez vos esprits et vos cœurs abattus,
Leur dit le divin Maître ; ah ! dois-je vous décrire
Tout ce que je connais et que je puis prédire ?...
Tant de peuples épars dans ce vaste univers,
Comme attirés de Dieu, traverseront les mers,
Viendront, détruisant tout sur leur affreux passage,
Ne laissant après eux que désastre et carnage.
Plus de paix nulle part : il n'est plus que malheurs ;

Le monde entier n'est plus qu'un théâtre d'horreurs.
La peste, le trépas, de hideuses famines,
Hélas ! viennent régner sur des monts de ruines,
Et la terre se fend par de longs tremblements ;
On frémit en tous lieux sous ces ébranlements,
On lit au firmament des signes déplorables ;
Et pourtant ces horreurs, ces maux épouvantables,
A peine commencés dans ce chaos affreux,
Ne sont que le signal de temps plus malheureux...
Mais vous auparavant, saisis, chargés de chaînes,
Trahis, emprisonnés, succombant sous les haines,
Vous serez pour mon nom longtemps persécutés ;
Attestez cependant mes saintes vérités.
Ne vous effrayez point ; rendez-moi témoignage ;
Au moment de l'épreuve, il faudra du courage ;
Je serai près de vous, inspirant vos discours,
Confondant les tyrans ennemis de vos jours.
Et vous serez livrés par vos pères, vos mères,
Vos parents, vos amis, par vos sœurs et vos frères ;
Et plusieurs d'entre vous, condamnés à la mort,
Iront mourir pour moi dans un divin transport ....
. . . .

Ainsi quand vous verrez sous les murs de Solime
S'avancer des soldats, c'est alors qu'un abîme
De ruine et de mort s'ouvrira pour Sion.
Alors seront les jours de désolation.
Ah ! fuyez, fuyez tous vers les hautes montagnes,
Abandonnez *la ville*, allez dans les campagnes
Chercher dans les forêts des abris ignorés;
Fuyez ces lieux maudits au ravage livrés;
Car ces jours-là seront les jours de la justice,
Afin que l'Ecriture ici-bas s'accomplisse !

Malheur ! vous dis-je, hélas ! et mille fois malheur
Au peuple déicide, en ce temps de douleur.
Des mères mangeront le fruit de leurs entrailles,
Et, bien plus ! succombant sous le sort des batailles,
Tout ce peuple à la fois, captif et désolé,
Décimé par le fer ou de maux accablé,
Gémira dispersé dans tous lieux sur la terre,
Ne sachant où cacher sa honte et sa misère.
Jérusalem enfin livrée à ses bourreaux,
La Judée, ô douleur ! couverte de tombeaux,
Sera foulée aux pieds par les gentils en armes,

Jusqu'à ce que le temps, et c'est un temps de larmes,
S'achève sous la loi d'un Dieu, d'un Dieu vengeur.
Priez-le de calmer sa trop juste rigueur,
Implorez son secours; car sans sa main propice,
Si du père irrité la terrible justice
Ne s'apaisait enfin, nul ne serait sauvé....
Mais pourtant aux élus le ciel est réservé.

Si l'on vous dit encor : « C'est le Christ qui s'avance, »
Amis, n'en croyez rien; je vous le dis d'avance,
Il viendra de faux Christs, des hommes séducteurs
Prophètes de mensonge, insidieux, menteurs ;
Ah ! que ne feront-ils pour saper mon empire ?
Mais ne les suivez pas : ainsi qu'un vain délire
Qui s'apaise et qui passe à la fin de la nuit,
Ils s'évanouiront comme l'éclair qui luit.
Ils seront confondus dans leurs vaines pensées,
Convaincus de folie et d'erreurs insensées.
Et, dois-je vous le dire? hélas ! c'est trop d'horreu
On verra le soleil, refusant sa lueur,
Le front pâle et sanglant, vaciller dans sa course;
Lse fleuves effrayés remonter vers leur source;

Les mers étendre au loin leurs flots audacieux,
Les étoiles errer sur la voûte des cieux.
Les célestes vertus en seront ébranlées;
Toutes les nations gémiront désolées.
Les peuples consternés par le trouble des flots,
Sécheront de frayeur, sans trêve, sans repos.
.... Le moment est venu : l'heure fatale sonne.
Entendez le signal... un archange le donne,
Au son de la trompette, oh! terrible réveil !
Les morts de tous les temps sortent de leur sommeil.
La croix du Fils de l'homme, ô signe secourable !
Brille au plus haut des airs d'un éclat formidable,
Et lui-même apparaît dans toute sa splendeur,
Sa puissance et sa gloire et toute sa grandeur,
Entouré de ses saints et de la cour des anges
Qui chantent tous en chœur de célestes louanges.
Tout ne finit donc pas au moment de la mort ?
Jésus, en ce grand jour, va fixer notre sort.
Qui devant lui pourrait être irrépréhensible ?
Qu'il est doux pour les uns, et pour d'autres terrible !
Sur la terre il était si bon pour les pécheurs !
Peut-il jamais sur eux exercer des fureurs ?

Il va manifester sa bonté, sa justice,
Couronnant la vertu, mais punissant le vice.
— « Ah! venez près de moi, vous êtes mes élus,
» O bénis de mon Père; ainsi parle Jésus :
» Vous avez mérité des palmes immortelles,
» Mais vous, maudits, allez aux flammes éternelles. »

II.

La passion du Sauveur.

—

.... Ainsi le doux Jésus est livré par Pilate.
Dérision amère ! un manteau d'écarlate
A recouvert son corps et ses membres sanglants...
Devons-nous retracer ces tableaux déchirants?
Quels horribles forfaits ! mais la sainte victime
De son sang adorable en a comblé l'abîme;
Pardonnez, ô Seigneur, pardonnez aux bourreaux.
Et les voilà pourtant rassemblant des rameaux,
Des rameaux épineux dont ils ceignent sa tête,
Fléchissant les genoux, puis l'appelant Prophète.
« Devine, disaient-ils, qui de nous t'a frappé.
» Salut, ô Roi des Juifs, ô grande Majesté. »

Au milieu des soldats bientôt Jésus s'avance,
Seul il porte sa croix, sans soutien, sans défense.
C'est pour tous les humains que Jésus veut souffrir.

Ah! ne l'oublions pas en le voyant mourir!
Mourir, hélas! pour nous, nous qui creusons sa tombe!
A l'aspect de la croix, je sens que je succombe;
Jésus, inspirez-moi, soutenez tous mes pas;
Jésus, protégez-moi, ne m'abandonnez pas...

Du Golgotha le Christ gravissait la colline :
Une sueur de sang, une sueur divine
Marquait tout son chemin par un sillon sanglant.
Le Sauveur épuisé sous ce poids accablant
Succombe de fatigue et tombe sur l'arène.
Alors passe Simon, habitant de Cyrène;
On l'arrête et soudain, de la croix de Jésus
Les soldats ont chargé le père de Rufus.
Cependant le Sauveur, au pied de la montagne,
Voit qu'un peuple nombreux le suit et l'accompagne.
Sur la foule planaient de longs frémissements,
Et les femmes poussaient de grands gémissements.
Jésus leur dit alors : « Que vos larmes touchantes,
» O filles de Sion, coulent moins abondantes.
» Ne pleurez pas sur moi : pleurez sur vos époux,
» Pleurez sur vos enfants, pleurez aussi sur vous.

» Car bientôt vont venir des jours bien déplorables,
» Des temps déjà prédits, des heures lamentables,
» Où chacun, tout saisi d'épouvante et d'horreur,
» Rempli de désespoir, frémissant de terreur,
» Et prévoyant alors de tristes funérailles,
» Dira : — « Dans la Judée heureuses les entrailles
» Que condamna le ciel à ne pas enfanter !
» Heureux aussi le sein qui ne put allaiter ! »
» Partout s'élèveront ces cris épouvantables :
» O montagnes, tombez sur nos têtes coupables! »
» Enfin si vous coupez *le rameau verdoyant;*
» Ou bien, si vous frappez le juste, l'innocent,
» Que ferez-vous *du bois desséché,* sans feuillage?
» Quel sera du méchant le suprême partage?
» Que deviendra l'impie? Hélas! abandonné,
» Marqué d'un doigt vengeur, il sera condamné. »

Jésus n'allait pas seul pour subir le supplice :
Deux infâmes voleurs, livrés par la justice,
S'avançaient avec lui pour être mis à mort.
Près d'un Dieu deux *larrons!* bénissez votre sort,
Pécheurs infortunés, regardez ce Calvaire,

Couronné d'une croix, ce signe salutaire.
Jésus, le fils de Dieu, près de vous va mourir ;
Il veut donner le ciel à votre repentir.
Hélas ! un seul des deux voit briller la lumière.
L'autre blasphème encore à son heure dernière.
— « Jésus, dit le premier, au royaume des cieux,
» Souvenez-vous de moi, de moi si malheureux. »
Jésus le voit, l'entend et même lui pardonne.
A ce grand repentir il promet la couronne.

Mais au pied du Calvaire, en ce lieu de douleurs,
Laissons sans défaillir, laissons couler nos pleurs.
Une larme d'amour y sera plus féconde
Que des torrents de pleurs en d'autres lieux du monde.
Dieu de dilection, vous êtes tout amour,
Vous qui voulez pour nous expirant chaque jour,
Renouveler ainsi le sanglant sacrifice,
Qui du ciel en courroux apaisa la justice.

Or voilà qu'attaché sur un infâme bois,
Les mains, les pieds cloués, Jésus est mis en croix,
Lorsqu'en're deux larrons il terminait sa vie,

En lui s'accomplissait l'oracle d'Isaïe :
« *Il sera mis au rang des plus vils scélérats.* »
Et Jésus expirant s'écriait : « Ces soldats
» Ne savent ce qu'ils font ; pardonnez-leur, mon Père,
» Prenez, prenez mon sang, prenez ma vie entière,
» Mais pardonnez, Seigneur, à d'aveugles bourreaux. »
Et les Juifs répondaient : — « Il ouvrait les tombeaux,
» Ressuscitait les morts et se vantait lui-même
» De rebâtir le temple en trois jours... anathème !
» De Dieu s'il est le fils qu'il descende à nos yeux
» Et nous croirons en lui, s'il monte dans les cieux. »
Les Scribes ajoutaient : — « Si Dieu, son Père, l'aime,
» Qu'il le vienne sauver en ce moment suprême. »

Laissons ces insensés insulter au trépas
D'un Dieu qui pour eux prie et ne les punit pas.
Alors Jean, Madeleine et la Vierge Marie
Debout près de la croix, suivaient son agonie.
Jésus voyant sa mère et Jean verser des pleurs,
Leur dit en pénétrant jusqu'au fond de leurs cœurs :
« Le voilà votre fils, ô femme infortunée,
» A toutes les douleurs vous fûtes destinée, »

Puis il dit au disciple aimé si tendrement :
« La voilà votre mère. » Et depuis ce moment
L'apôtre la reçut dans sa propre demeure.

Or il était du jour près de la sixième heure [1];
Le soleil obscurci, de nuages voilé,
Refusait sa lumière au monde désolé.
La terre se couvrit d'effroyables ténébres,
L'air au loin retentit de hurlements funèbres ;
Et Jésus s'écria, comme à Gethsémani,
D'une voix forte : « *Eli lamma sabacthani.* »
Hélas ! il voulait dire, en cette plainte amère :
« Pourquoi m'abandonner, ici-bas, ô mon Père ?
» Pourquoi verser sur moi, mon Dieu, tant de douleur?»

Ah! qui pourrait tracer ce grand cri sans terreur ?
Sans y voir l'homme Dieu mourant dans les souffran-
Sans y voir Jésus-Christ livré pour nos offenses... [ces,]
Que *celui qui le fit,* soit maudit mille fois!
Qu'il soit... et cependant de la divine croix

---

1 C'est à-dire : *midi.*

Le pardon peut encore avec Jésus descendre;
Le pardon! le pardon!... Jésus le *lui* veut rendre.

Puis Il but du vinaigre et, tout près de mourir,
Il dit à haute voix, dans un dernier soupir :
« Je remets, ô mon Père, entre vos mains, ma vie,
» Mon âme et mon esprit, ma mort, mon agonie. »
Et vers la terre enfin s'inclinant dans la mort,
Il semblait ajouter par un suprême effort :
« O pécheur égaré, regarde ce calvaire,
» Fais monter jusqu'à moi ta fervente prière... »

De son front, de ses pieds, de son côté sanglant,
Sur la terre tombaient, hélas! des flots de sang.
Sang d'un Dieu répandu pour racheter le monde,
Sang de l'Agneau divin, ô victime féconde !
L'avons-nous, ici-bas, tous gardé dans nos cœurs?
L'avons-nous recueilli, ce doux sang du Sauveur ?

Jésus meurt abreuvé de souffrance et de peines;
Il expire !... et soudain les collines lointaines
Tressaillirent d'effroi, puis la terre trembla;

Et dans le temple saint la voûte s'ébranla,
Le voile s'entr'ouvrit, les rochers se brisèrent ;
Couverts de leurs linceuls, des morts ressuscitèrent,
Et les corps de ces saints, sortis de leurs tombeaux,
Parurent dans Sion, effrayant les bourreaux.
Et plusieurs, tout saisis d'une terreur extrême,
Disaient : « Il était bien le Fils de Dieu lui-même ! »

FIN DU DERNIER CHANT DE LA VIE DE JÉSUS.

PRIÈRES

PENDANT

LA SAINTE MESSE

Tirées des paroles de l'Imitation.

———

PRIÈRES

PENDANT

LA SAINTE MESSE

*Tirées des paroles de l'*Imitation.

Avant la Messe.

Si ce très-saint Sacrifice ne s'accomplissait qu'en un seul lieu, et qu'un seul prêtre, sur toute la terre, consacrât l'hostie sainte, avec quelle ardeur les hommes n'accourraient-ils pas vers ce prêtre de Dieu, pour assister aux saints mystères? Mais il y a plusieurs prêtres, et le Christ est offert en beaucoup de lieux, afin que la grâce et la dilection divines se répandent d'autant plus sur l'homme, que la sainte Communion est plus répandue dans le monde.

Je vous rends grâces, ô Jésus, Pasteur éternel, qui daignez nous fortifier, nous, pauvres exilés, par votre corps et votre sang précieux, et nous inviter à la participation de ces sacrés mystères.

8*

Au Confiteor.

Seigneur, je veux vous confesser toutes mes offenses, et toutes mes faiblesses. Je reconnais votre bonté, je bénis votre miséricorde infinie. Grâces vous soient rendues à cause de votre immense charité.

« C'est pourquoi je supplie la très-sainte Vierge et tous les saints d'intercéder pour moi. Seigneur, écoutez favorablement ma prière et accordez-moi l'indulgence, l'absolution et la rémission de mes péchés [1]. »

Au Kyrie.

« Seigneur, ayez pitié de nous ! Christ, ayez pitié de nous ! Seigneur, ayez pitié de nous ! Seigneur, j'ai péché, ayez pitié de moi, pardonnez-moi. Ah ! je vous en conjure, exaucez-moi, soyez-moi propice, voilà que je me présente devant vous.

Gloria in excelsis.

« Gloire à Dieu dans le ciel, et paix sur la terre aux hommes de bonne volonté. Nous vous louons, nous vous bé-

[1] Les guillemets indiquent les passages pris dans l'ordinaire de la Messe.

nissons, nous vous adorons, nous vous glorifions, nous vous rendons grâces à cause de votre gloire infinie. Seigneur, notre Dieu, Roi du Ciel, Dieu le Père tout puissant, Seigneur Jésus-Christ, Fils unique, Seigneur Dieu, Agneau de Dieu, Fils du Père, vous qui effacez les péchés du monde, ayez pitié de nous, recevez notre prière. Vous qui êtes assis à la droite du Père, ayez pitié de nous. Vous êtes le seul saint et le seul très-haut, ô Jésus-Christ, avec le Saint-Esprit dans la gloire de Dieu le Père. Ainsi soit-il. »

Oraison.

Éclairez-moi, Seigneur, faites luire votre lumière dans mon cœur, dissipez ses ténèbres. Envoyez votre lumière et votre vérité afin qu'elles brillent sur la terre : car je ne suis qu'une terre stérile si vous ne m'éclairez.

Répandez votre grâce, trempez mon cœur de la rosée céleste. Versez les eaux de la piété pour arroser la terre afin qu'elle produise des fruits salutaires.

Épître.

Il faut, je le sais, ô mon Dieu, chercher la vérité dans les saintes Écritures et non l'éloquence. L'Écriture doit être lue dans le même esprit qui l'a dictée. Nous devons y chercher les moyens d'avancer dans la vertu et non la beauté du discours. Nous devons lire plus souvent les livres simples et pieux que les ouvrages profonds et sublimes.

Les hommes passent, mais la vérité du Seigneur demeure éternellement.

A l'Évangile.

Parlez, parlez, Seigneur, votre serviteur écoute. Je suis votre serviteur : donnez-moi l'intelligence, afin que je comprenne vos témoignages. Inclinez mon cœur à vos paroles, qu'elles tombent comme une rosée céleste.

« Ce ne sont plus les prophètes ni les apôtres qui vont m'instruire de mes devoirs. » C'est vous-même, Seigneur Jésus, qui venez me parler, vous, la lumière des prophètes, car sans eux vous pouvez pénétrer mon âme ; sans vous ils ne pourraient rien. Ils prononcent des paroles sublimes, mais si vous vous taisez, ces paroles n'échauffent point le cœur. Ils exposent la lettre, mais vous en montrez l'esprit. Ils publient vos commandements, mais vous aidez à les remplir. Ils montrent le chemin, mais vous donnez la force d'y marcher. Leurs paroles frappent l'oreille, mais vous éclairez l'intelligence.

Parlez, Seigneur, vous avez les paroles de la vie éternelle. Parlez-moi pour consoler mon âme, pour réformer ma vie ; pour la louange et la gloire éternelle de votre nom.

Credo.

« Je crois en un seul Dieu, le Père tout-puissant, créateur de l'univers, en Notre-Seigneur Jésus-Christ son Fils unique, consubstantiel à lui, saint, puissant, éternel, Dieu comme lui. Je crois que ce Fils adorable est né de la bienheureuse Marie toujours vierge, par l'opération du Saint-Esprit, qu'il s'est fait homme pour l'amour de nous, qu'il a souffert, qu'il est mort et ressuscité, puis monté au ciel, d'où il viendra juger les hommes, et qu'ensuite il continuera un règne éternellement heureux.

Je crois au Saint-Esprit, Dieu comme le Père et le Fils, procédant de l'un et de l'autre, et partageant la même gloire avec eux : source de vie, auteur de la sanctification des hommes, lumière des prophètes. Je crois une Église sainte, catholique et apostolique, un baptême institué pour la rémission des péchés, et plein de confiance en la miséricorde de mon Dieu, j'attends la résurrection des morts et la vie éternelle. Ainsi soit-il. »

Offertoire.

Seigneur, tout est à vous dans le ciel et sur la terre : je veux aussi me donner à vous par une oblation volontaire, afin d'être à vous pour toujours. Recevez-moi avec cette sainte offrande que je vous fais en présence des anges invisibles qui assistent à ce sacrifice ; et faites qu'il soit utile à mon salut et à celui de tout votre peuple.

Préface et Sanctus.

Recevez, ô mon Dieu, mes vœux et les désirs qui m'animent de chanter vos louanges infinies, et de vous bénir avec l'ardeur immense qui est due à votre grandeur ineffable.

Que tous les peuples, toutes les langues vous bénissent et célèbrent, au milieu de transports de joie et d'amour, la sainteté et l'inénarrable douceur de votre nom, en disant avec les chœurs des anges :

« Saint, Saint, Saint est le Seigneur, le Dieu des armées. Le ciel et la terre sont remplis de sa gloire et de sa puissance. Gloire à Dieu au plus haut des cieux. »

Canon et Memento des vivants.

« Nous vous conjurons, au nom de Jésus-Christ, votre Fils, et Notre-Seigneur, ô Père miséricordieux, d'avoir pour agréable et de bénir l'offrande que nous vous présentons, afin qu'il vous plaise de conserver, de défendre et de gouverner votre sainte Église avec tous les membres qui la composent, le Pape, notre Évêque, ceux pour qui la justice, la reconnaissance et la charité nous obligent de prier, et tous ceux qui professent notre foi. »

Oh ! foi ardente, preuve sensible de votre sainte présence dans le sacrement. Car ils voient véritablement le Seigneur dans la fraction du pain, ceux dont le cœur brûle lorsque Jésus est avec eux.

Soyez-moi propice, ô bon Jésus, plein de miséricorde et de mansuétude.

Élévation.

Je vous vois présent sur l'autel, divin Jésus, vous qui êtes le saint des saints, le créateur des hommes, le Seigneur des anges. Vous vous inclinez vers moi qui ne suis pas digne de vous regarder en face. Vous venez à moi, vous me conviez à votre table. Vous voulez me donner un aliment céleste, le pain des anges qui n'est autre que vous, ô pain vivant, descendu des cieux pour donner la vie au monde.

Memento des morts.

Seigneur, faites que toutes les personnes déjà sorties de ce monde et dont la délivrance est l'ardent objet de mes vœux, reçoivent par cette sainte oblation les bénédictions de votre divine grâce.

O Père des miséricordes, Dieu de toute consolation, nous vous rendons grâce de ce que, malgré notre indignité, vous voulez bien cependant quelquefois nous consoler.

Pater noster.

« Notre Père, qui êtes aux cieux, que votre nom soit sanctifié : que votre règne arrive : que votre volonté soit faite sur la terre comme au ciel. Donnez-nous aujourd'hui notre pain quotidien : Pardonnez-nous nos offenses comme nous pardonnons à ceux qui nous ont offensés, et ne nous laissez pas succomber à la tentation : mais délivrez-nous du mal. Ainsi soit-il. »

Agnus Dei.

« Agneau de Dieu, immolé pour nous, ayez pitié de nous. Victime adorable de notre salut, sauvez-nous. Divin média-teur, obtenez-nous notre grâce auprès de votre Père, donnez-nous votre paix. »

Communion.

Venez, venez à moi, vous qui êtes accablés de travail et qui portez le poids du jour et je vous soulagerai. Le pain que je donnerai pour la vie du monde, c'est ma chair.

Prenez et mangez : ceci est mon corps qui sera livré pour vous. Faites ceci en mémoire de moi : Celui qui mange ma chair et qui boit mon sang, demeure en moi et je demeure en lui.

O douces et aimables paroles à l'oreille du pécheur : Vous appelez, Seigneur, le pauvre délaissé à la communion de votre corps sacré! Mais qui suis-je, pour oser m'approcher de vous? Voilà que les cieux ne peuvent vous contenir, et vous dites : Venez tous à moi.

Dernières oraisons et bénédiction.

« Vous venez, ô mon Dieu, de vous immoler pour mon salut, je veux me sanctifier pour votre gloire. » Considère ces choses, ô mon âme, et que tes sens soient fermés aux bruits de la terre, afin que tu puisses entendre la voix de Dieu dans ton cœur; voici ce qu'il dit : Je suis votre salut, votre paix, votre vie. Restez auprès de moi et vous trouverez la paix. Laissez là ce qui passe pour les biens éternels. Renoncez donc à tout et soyez fidèle à votre Créateur, afin de parvenir à la vraie béatitude.

« Que le Dieu tout-puissant, Père, Fils et Saint-Esprit, nous bénisse. Ainsi soit-il. »

Dernier Évangile.

O Jésus, Verbe divin, lumière éternelle, délivrez-moi des soins de cette vie, de peur qu'ils ne troublent ma course. Donnez-moi la force de résister, la patience de tout souffrir, la constance de persévérer. Donnez-moi, au lieu des consolations du monde, la douce onction de votre esprit; et au lieu des affections de la terre, l'amour de votre nom béni.

Prière après la messe.

Réjouis-toi, ô mon âme, et rends grâces à Dieu d'un don si magnifique, d'une consolation si efficace qu'il t'a laissée dans cette vallée de larmes. Faites, Seigneur mon Dieu, mon Sauveur, que la force et la ferveur de mon amour croissent d'autant plus que je participe plus souvent à ce divin mystère. Seigneur, je me remets entre vos mains. Conduisez-moi à la vie éternelle. Ainsi soit-il.

FIN.

LITANIES DE LA TRISTESSE.

O Jésus, délaissé, naissant dans une étable,
O Jésus, grelottant sous un toit misérable,
    Ayez pitié de moi !
O Jésus-Christ, souffrant sur la rive étrangère,
O Jésus, comme nous exilé sur la terre,
    Ayez pitié de moi !

O Jésus, méconnu, couvert d'ignominie,
O Jésus, vous avez souffert la calomnie,
    Ayez pitié de nous !
O Christ, tout abreuvé de contradictions,
O Christ, tant éprouvé par les tentations,
    Ayez pitié de nous !

O Jésus, vous avez vu trépasser Lazare ;
Jésus, en votre angoisse, hélas ! mon cœur s'égare,
    Ayez pitié de moi !
O Christ ! abandonné par tous, par vos amis,
Christ, livré sans défense aux bourreaux ennemis,
    Ayez pitié de moi !

O Christ, sur qui coulait une sueur sanglante,
Christ, vous qui gémissiez d'une voix si touchante,
    Ayez pitié de moi !

O Christ, jusqu'à la mort, triste à Gethsémani,
O Christ, qui par Judas avez été trahi,
    Ayez pitié de moi !

O Jésus, dont l'épine a déchiré la tête,
Christ, de verges battu, traité de faux prophète,
    Ayez pitié de nous !
Christ, vous avez porté votre croix au Calvaire,
Christ, vous êtes tombé par trois fois sur la terre,
    Ayez pitié de nous !

O Christ, vous avez vu votre mére éplorée,
Christ, vous avez souffert pour notre âme égarée,
    Ayez pitié de nous !
Christ, vous avez souffert pour l'humaine détresse,
O Jésus, mon Sauveur, pitié de ma tristesse;
    Ayez pitié de nous !

FIN.

TABLE.

IMITATION DE JÉSUS-CHRIST.

PREMIÈRE PARTIE.

SECONDE PARTIE.

Dernier chant de la Vie de Jésus.

Pages.

FIN DE LA TABLE.

Nantes, imp. Vincent Forest et Émile Grimaud, place du Commerce , 1.

www.ingramcontent.com/pod-product-compliance
Ingram Content Group UK Ltd.
Pitfield, Milton Keynes, MK11 3LW, UK
UKHW022347090726
13658UKWH00002B/517